AF506063

Kurz vor der lettischen Küste konnten wir aus
den kleinen Fenstern der Propellermaschine
Eisschollen auf der Ostsee treiben sehen. Lettland
würde ungemütlich werden, das war spätestens
jetzt klar. Zum Umkehren aber war es zu spät.

Was hatten wir uns bloß dabei gedacht, unsere erste
Rechercheise ausgerechnet im Februar anzutreten?
Noch dazu in ein Land, mit dem Anastasia nicht
mehr als eine vage Kindheitserinnerung verband und
mich... Rein gar nichts. Natürlich wusste ich, dass
sich hier Deutsche und Russen im Zweiten Weltkrieg
erbitterte Kämpfe geliefert hatten, bei denen auch
mein Großvater ums Leben gekommen war. Und ich
wusste, dass sich die Sowjetunion Lettland kurz nach
dem Ausbruch des Zweiten Weltkriegs einverleibt hatte.
Aber etwas zu wissen bedeutet nicht zwangsläufig,
sich damit auch auseinandergesetzt zu haben.
Ich würde gerne behaupten, dass ich schon vor unserer
Reise viel über Lettland und seine Bewohner
nachgedacht hätte. Aber das wäre gelogen. Lettland
spielte in meinem Leben keine Rolle. Bis jetzt.

Bereits im Herbst 2010 fragte mich Anastasia,
ob ich mit ihr zusammen ein Buch über die in Lettland
lebenden Veteranen des Zweiten Weltkriegs machen
wolle. Damals hörte ich das erste Mal von Lettlands
rund 300 000 Staatenlosen. Diese sogenannten
„Nichtbürger" besitzen zwar ein ständiges Aufenthalts-
recht, aber keine Staatsbürgerrechte, also auch
kein Wahlrecht. Anastasia erzählte, dass es unter
den Staatenlosen sehr viele russischsprachige Kriegsveteranen gäbe, die während des Zweiten Weltkrieges
in der Roten Armee gedient hätten und seit der
Unabhängigkeit Lettlands unter ärmlichen, zum
Teil menschenunwürdigen Bedingungen leben müssten.
Ihr Schicksal sollte Gegenstand unseres Buches
werden. Aber als wir anfingen zu recherchieren und
uns ausführlicher mit der lettischen Bevölkerung
und ihrer wechselhaften Geschichte zu befassen,
wurde schnell klar: Man kann Lettlands russische

VORWORT

Anne Maier

Lettland ist ein atemberaubend schönes Land, die
Erde voller Erinnerungen – gute und schlechte.
Letten, Deutsche, Russen und Juden haben zwischen
den Gestaden der Ostsee und den russischen Wäldern
ihre Spuren hinterlassen.

Anastasia Khoroshilova und Annabel von Gemmingen
wollten sich 25 Jahre nach dem Mauerfall und
dem Zerfall der Sowjetunion mit der Frage auseinan-
dersetzen, wie unterschiedlich Erinnerungen
aufgearbeitet werden können. Sie wollten Geschichte
von zwei Polen aus betrachten und ihren Standpunkt
immer wieder verändern, um zu einer möglichst
objektiven Sichtweise und Lesart zu kommen. Lettland
und seine Geschichte schien ihnen ein interessantes
und geeignetes Experimentierfeld. Unvermutet
und eher en passant wurden beide zu einem Teil
der künstlerischen Arbeit, vermischte sich ihre
Geschichte mit der Historie des Landes.

Als Kind verbrachte Anastasia Khoroshilova zusammen
mit ihren Eltern ihre Ferien in Jūrmala, einer bei
russischen Familien aus den großen Städten beliebten
Sommerfrische am Rigaer Strand. Das waren Momente
unbeschwerter Freude, so hell und klar leuchtend
wie der weite Horizont über der Küste und geprägt
von jugendlicher Sorglosigkeit und Spaß.

Annabel von Gemmingen hatte sich nie Gedanken über
Lettland gemacht, um dieses Land, in dem nicht nur
die Deutschen Spuren zwischen Himmel und Hölle
hinterließen. Es gab, wie bei vielen Familien in
Deutschland auch in ihrer, Gefallene und Verschollene
in der Zeit des Zweiten Weltkrieges. Unbekannte.

Lettische und Russische Veteranen, alte Männer
mit schwerem Gang und schleppendem Schritt, deren
Körper immer noch verrieten, dass sie gewohnt
waren, Haltung anzunehmen. Galten die hoch dekorierten
Veteranen der Roten Armee als respektierte Helden,
so waren die lettischen Veteranen, die oft freiwillig

oder aber unfreiwillig an der Seite der Deutschen
kämpften, Überbleibsel einer weit zurückliegenden
Vergangenheit.

Zeitenwechsel. Lettland wurde 1991 wieder unabhängig.
Die Sowjets verließen das Land. Übrig geblieben
sind die Jacken der Veteranen, die lose über
Stuhllehnen hängen. Längst haben die lettischen
Veteranen im Auge der Geschichte die Plätze derjenigen
der Roten Armee eingenommen. Zwei Seiten einer
Medaille. Die einen gedenken auf dem Soldatenfriedhof
in Lestene leise und beseelt unter Bäumen ihrer
Kriegsgefallenen, die anderen halten ihre Parade
ab wie eh und je, übrig Gebliebene in den Städten.
Das Leben geht weiter.

Die neue Zeit mit ihren umgekehrten Prämissen ist
verführerisch für manche; nicht jedoch für diejenigen,
die sich auf dem Schlachtfeld begegnet sind. Sie
wissen, dass die Kraft der Versöhnung zu wirken
beginnt, wenn die Waffen schweigen. Der Weg dorthin
kann lang sein, aber nicht endlos. Eine Leerstelle
bleibt in unserem Buch: das Schicksal der zahlreichen
ermordeten lettischen und europäischen Juden.
Die Erinnerung schwingt mit.

Anastasia hat diesen einen Ort ihrer Kindheit wieder
gefunden: das Hotel, verlassen, überwuchert und fast
schon wieder Teil der Natur. Der Ort, an dem Annabels
Großvater fiel, ist bis heute unbekannt.

Veteranen nicht in einem Buch thematisieren, ohne
dabei die lettischen mitzudenken. Das Besondere
an Lettlands Rolle im Zweiten Weltkrieg ist ja
gerade die Tatsache, dass damals ein Volk gegen sich
selbst kämpfen musste. Sowohl die Rote Armee als
auch die Wehrmacht griffen für ihre Kampfhandlungen
in Osteuropa auf lettische Rekruten zurück, mit
der Folge, dass es den Kriegsveteranen in Lettland
nicht gibt. Stattdessen Veteranen der Roten Armee,
Veteranen der SS-Freiwilligenlegion, die unter
deutschem Oberbefehl standen, und Veteranen diverser
Partisanenorganisationen wie den „Waldbrüdern".

Wir beschlossen also, alle Veteranen zum
Gegenstand unseres Buches werden zu lassen, ganz
gleich ob sie sich selbst heute als Letten,
Russen oder Staatenlose begreifen. Denn trotz ihrer
völlig unterschiedlichen, individuellen Erfahrungen
gibt es doch eines, was sie alle verbindet:
Sie sind Übriggebliebene einer Zeit, mit welcher
der Zerfall der lettischen Gesellschaft begann
und die man in vorwärts gewandten Friedenszeiten
schnellstmöglich vergessen möchte. Ins kollektive
Gedächtnis gerufen werden die Veteranen nur
noch dann, wenn sie wieder einmal als Gegenstand
russischer oder lettischer Interessenspolitik
herhalten müssen.

Natürlich war uns klar, dass ein Vorhaben,
Lettlands wechselhafte Geschichte anhand seiner
Veteranen des Zweiten Weltkriegs ausgewogen
und umfassend darzustellen, nur scheitern konnte.
Darum haben wir es auch gar nicht erst versucht.
Unser Plan war ein anderer: Wir würden mit einem
lettischen Dolmetscher und einem russischen
Fahrer durchs Land reisen, wichtige Kriegsschau-
plätze und -denkmäler besuchen und mit möglichst
vielen Veteranen des Zweiten Weltkriegs über
ihre Erinnerungen sprechen. Am Ende würden
wir mit all diesen Eindrücken im Gepäck wieder
nach Deutschland zurückkehren und ein Buch
daraus machen: eine lose, unvollständige Sammlung
eigener und fremder Erinnerungen an ein Land,
das uns während unserer drei Reisen gleicher-
maßen vertraut geworden und fremd geblieben ist.

Denn wenn wir eines aus Lettland mitgenommen haben,
dann das: Die eine, wahrhaftige Erinnerung an
den Zweiten Weltkrieg, „den" Zeitzeugen, gibt es
nicht. Stattdessen existieren zahlreiche kleine
Wahrheiten, die alle zusammengenommen bestenfalls
ein Erinnerungsmosaik bilden, aber niemals ein
vollständiges Bild des Krieges abgeben können.
Zu komplex ist das Zusammen- und Gegenspiel von
historischer, kollektiver und individueller
Erinnerung. Erinnerungen sind eben zutiefst
subjektiv. Auch die einer russischen Fotografin
und einer deutschen Journalistin.

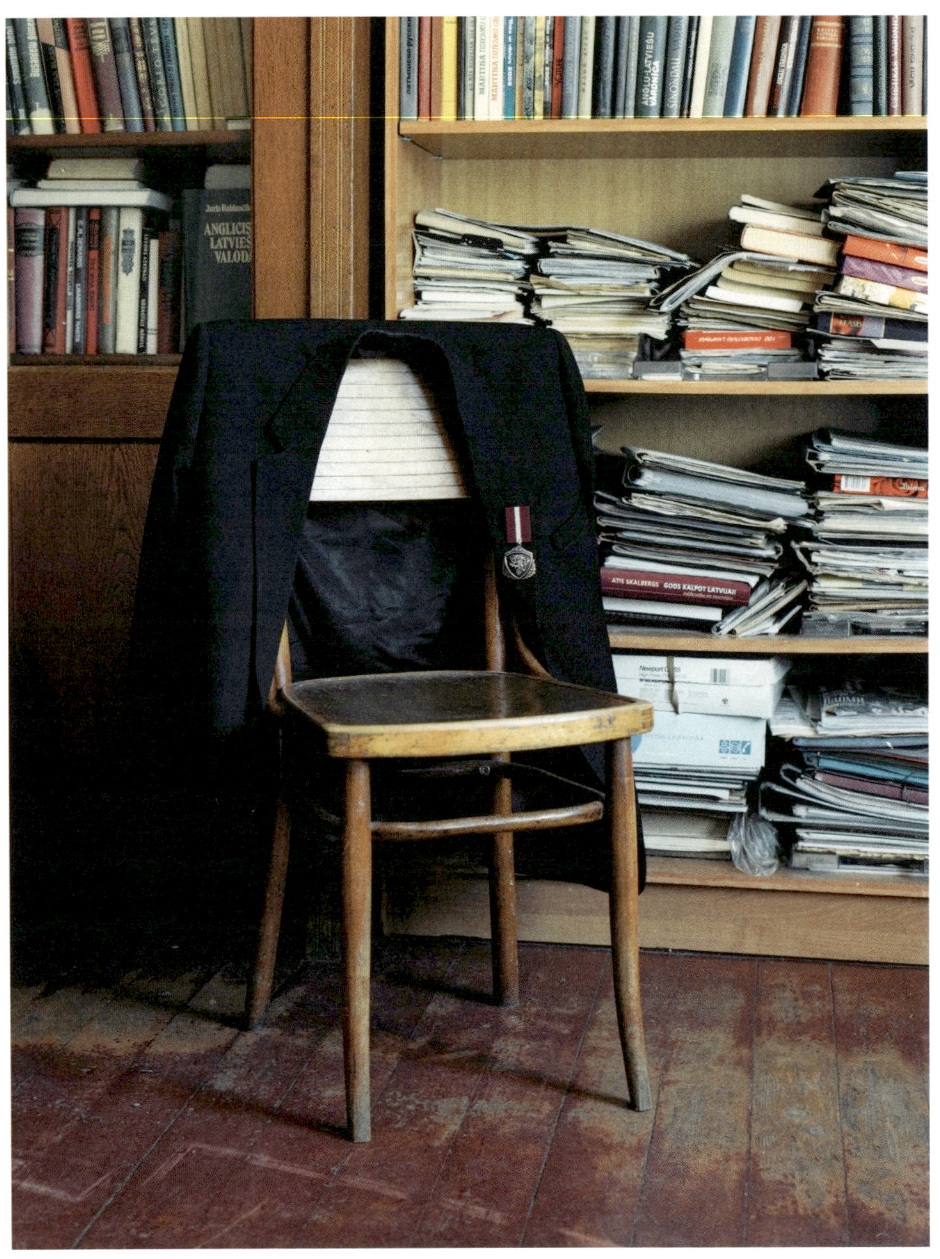

Jeden Tag zwei Veteranen, einen am Vor- und einen
am Nachmittag. So hatten wir uns das gedacht.
Und zunächst sah es auch ganz danach aus, als würde
dieser ehrgeizige Plan aufgehen: Schon am ersten
Arbeitstag in Riga war unser Kalender voll mit
Interviewterminen für die kommenden Tage.

Das war Montag. Heute ist Mittwoch, und unsere
anfängliche Euphorie ist der Ernüchterung gewichen:
Die Hälfte unserer Interviewpartner ist abgesprungen.

Eine halbe Stunde lang standen wir heute bei minus
15 Grad vor der Haustür eines ehemaligen russischen
Offiziers, der uns von sich und dem Krieg erzählen
wollte. Wir waren verabredet, also klingelten wir.
Mehrmals. Und als er nicht öffnete: Länger. Drängender.
Deutlich konnten wir in einem seiner Wohnungsfenster
im ersten Stock ein Gesicht erkennen, das verstohlen
hinter einer Spitzengardine hervorlugte. Aber es
half nichts. Die Tür des alten Mannes, der uns vor
zwei Tagen noch so freundlich am Telefon den Termin
bestätigt hatte, blieb uns verschlossen.

Jetzt sitzen wir ratlos auf unseren Hotelbetten und
überlegen, ob unsere Reise durch Lettland womöglich
schon vorbei ist, ehe sie richtig begonnen hat.
Was, wenn kein Veteran mit uns reden möchte?
Wäre es ihnen überhaupt zu verdenken? Noch schlimmer
als die Sorge, falsch verstanden zu werden, ist
sicherlich das Gefühl, gar nicht verstanden zu werden.
Warum sollten ausgerechnet wir – eine deutsche
und eine russische „Kriegsenkelin" – die lettischen
Veteranen verstehen?

Nachtrag, am selbem Tag

Eben hat Anastasia noch einmal bei dem Offizier
angerufen. Vielleicht gab es ja ein Missverständnis,
und wir haben uns bloß den Termin falsch notiert.
Es scheint, als hätten wir Glück: Nach viermaligem
Tuten hören wir, wie der alte Mann den Hörer abnimmt,
sich umständlich räuspert und seinen Namen sagt.
Doch kaum hat er Anastasias Stimme am anderen Ende
der Leitung vernommen, reagiert er sekundenlang
mit betretenem Schweigen. Gerade als er uns überra-
schend doch noch einen Alternativtermin anbieten
will, fährt ihm im Hintergrund seine Frau dazwischen:
„Sind das die Journalisten? Denk daran, was ich
Dir gesagt habe: Du bist krank!" Das Letzte, was
wir von dem Kriegsveteran hören, ist ein Klicken
in der Leitung, gefolgt von dem Besetztzeichen.

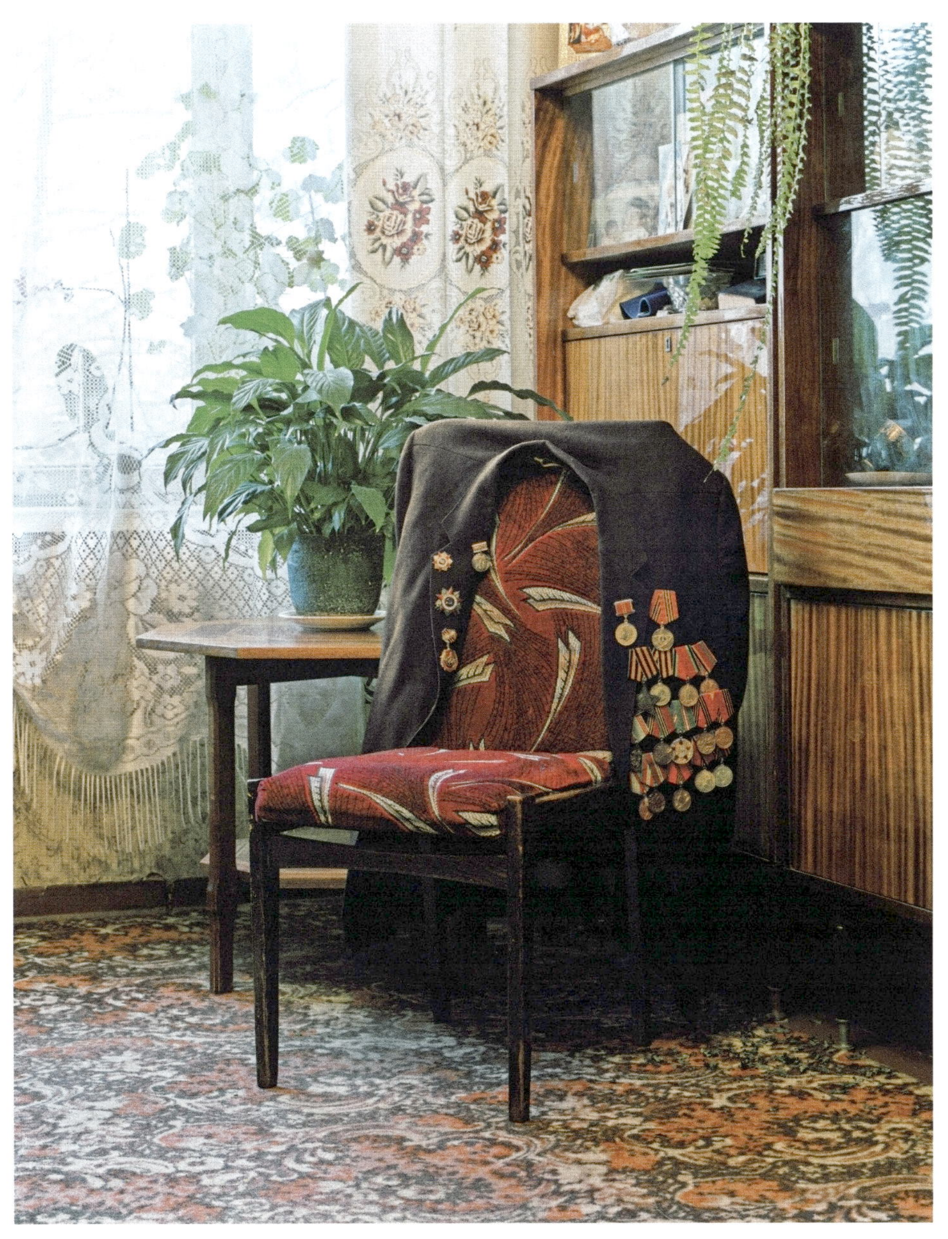

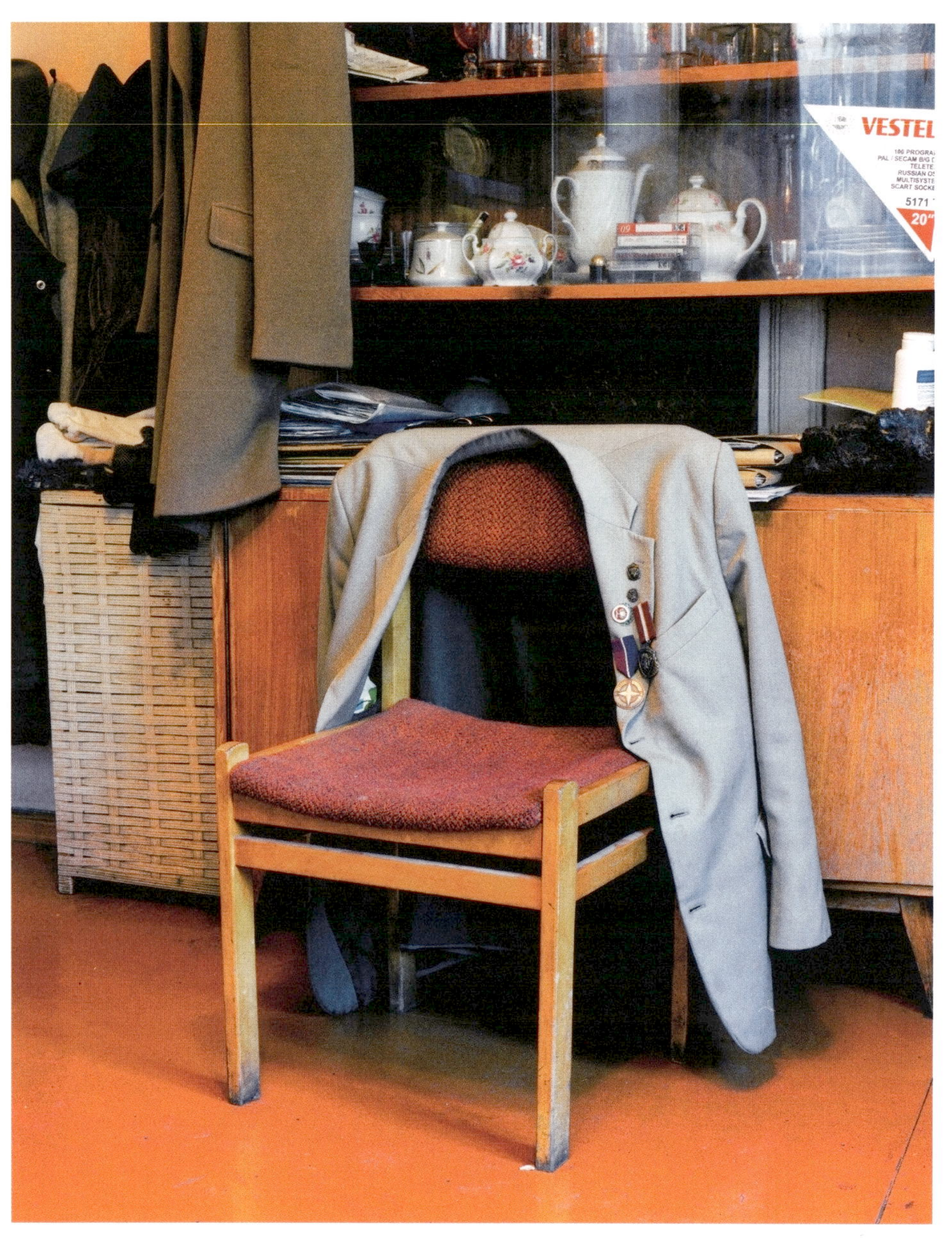

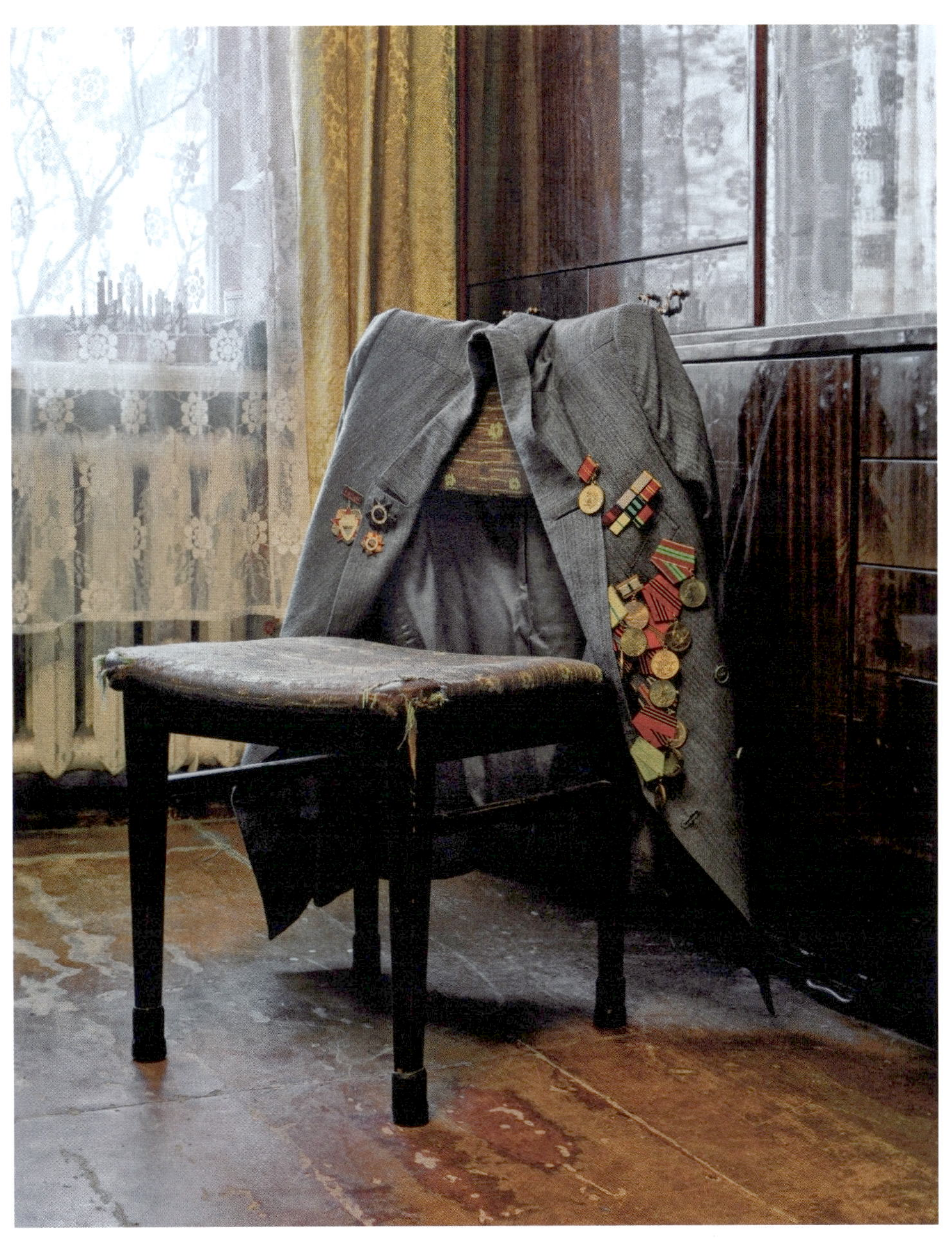

Als ich ihm die Hand geben will, begrüßt er mich
in perfektem Deutsch mit dem Satz: „Deutschland,
Deutschland über alles". Das kann ja heiter werden,
denke ich und fange furchtbar an zu schwitzen.
Gleichzeitig bin ich verwirrt: ein Lette, der für
die Rote Armee gekämpft hat und sichtlich vergnügt
die politisch inkorrekte erste Strophe der deutschen
Nationalhymne rezitiert. Wie passt das zusammen?

Wahrscheinlich sind wir genau deshalb vom ersten
Augenblick an so fasziniert von Juris: weil er sich
in keine Schublade stecken lässt.

xxx

Als die Russen 1944 in Juris' lettisches Heimatdorf
kamen, um den 18-Jährigen für ihre Armee zu rekru-
tieren, waren zuvor schon die Deutschen dort gewesen.
Sie hatten alle Männer mitgenommen, die für den
Frontdienst taugten, auch seinen älteren Bruder
Anton. Juris selbst war rechtzeitig von einem Nachbarn
gewarnt worden und hielt sich, bis die Deutschen
weiterzogen, in einem Waldstück versteckt. Dass ihn
stattdessen wenig später die Russen aufgriffen, war
Pech. Dass er und sein Bruder den Rest des Krieges
an feindlichen Fronten dienten, ein grotesker Zufall
der Geschichte, wie er in Lettland jedoch sehr
häufig vorkam.

Juris hielt nichts von der kommunistischen Idee.
Aber er glaubte fest daran, dass er mithilfe der
Russen Lettlands Unabhängigkeit bewahren konnte.
Er *wollte* es glauben, sagt er heute. Während er
für die russischen Truppen den Weg nach Berlin
freikämpfte, verteidigte sein älterer Bruder
Anton im Dienste der Wehrmacht den Kurlandkessel.
Das Schicksal meinte es gut mit ihnen: Sie sind
sich kein einziges Mal auf dem Schlachtfeld begegnet.
Und sie überlebten, wenn auch nicht unversehrt.
Der eine kehrte ohne Augenlicht nach Riga zurück,
der andere querschnittsgelähmt.

Juris fand Arbeit in einer Möbelfabrik, und weil
er geschickt mit den Händen war, baute er Anton
einen Rollstuhl. Als 24-Jähriger lernte er seine
große Liebe kennen: eine lettische Veteranin der
Roten Armee und blind, so wie er. Die Ehe war
glücklich. Mit den neuen sowjetischen Verhältnissen
arrangierte man sich. Der Krieg, sagt Juris, habe
ihn zum Pragmatiker gemacht.

Dann kam das Jahr 1991, und die Menschen in Riga
begannen, gegen die Russen auf die Straße zu gehen
und in der Innenstadt Barrikaden zu errichten.
Juris unterstützte sie, indem er die Demonstranten
täglich mit Essen versorgte. Später bekam er dafür
einen Orden. Rotweiß, in den lettischen Landesfarben.
Und mit einem Löwen darauf.

Den Orden hat Juris aufbewahrt. Er liegt zusammen
mit den militärischen Verdienstorden aus Sowjetzeiten
in einer rostroten Lederschatulle ganz hinten in
der obersten Schublade seines Kleiderschranks.

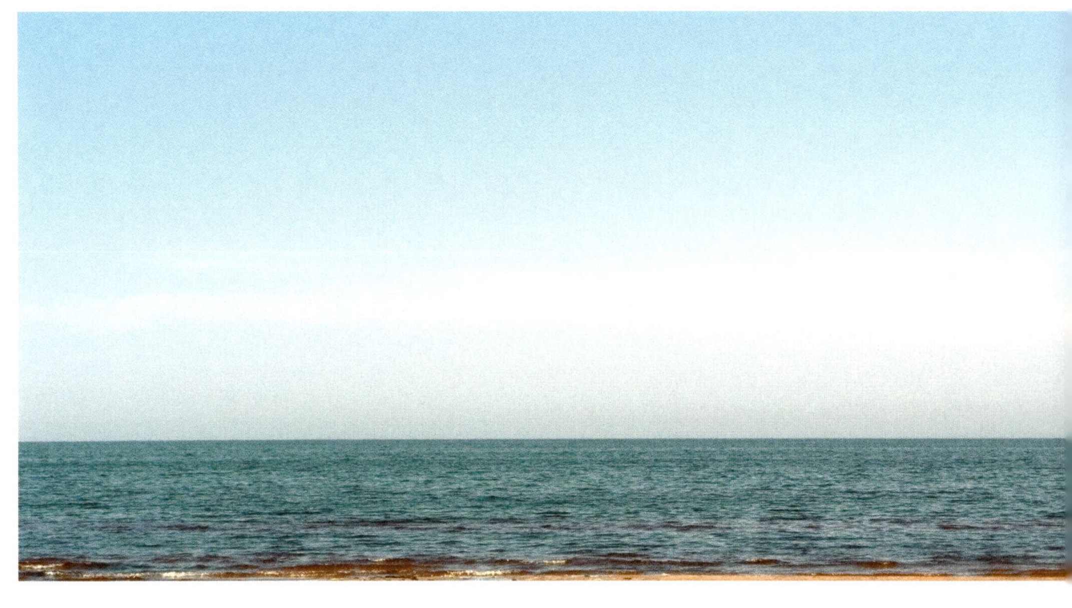

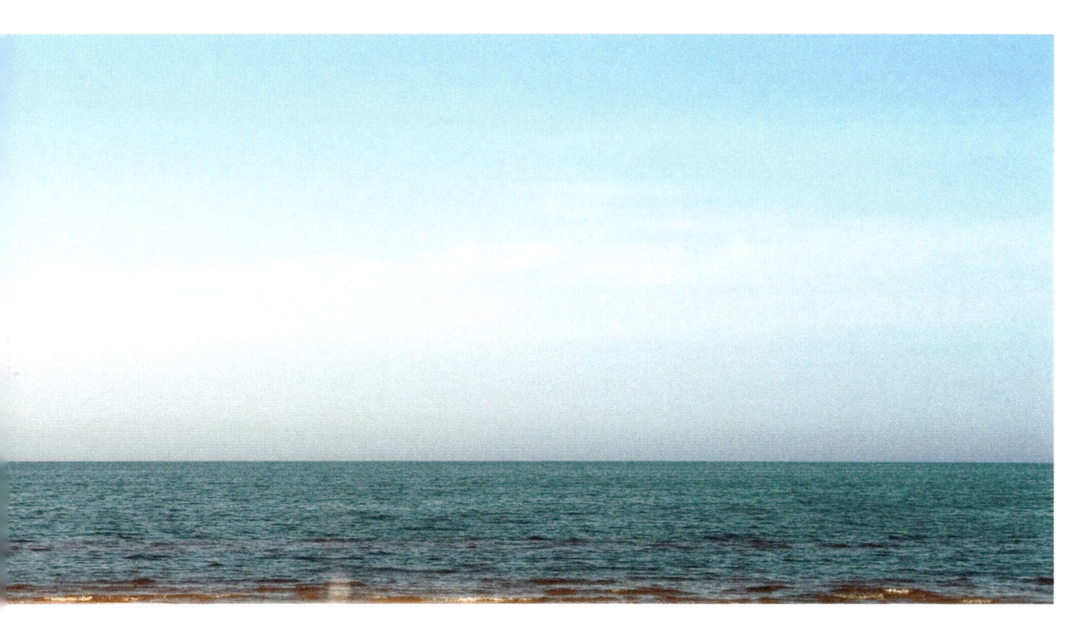

Irgendwo auf dem Weg zwischen Riga und dem
beliebten Küstenkurort Jūrmala, an dem auch Anastasia als Kind ihre Sommerferien verbracht hat,
erfolgt unser erster Abstecher ans Meer.

Als wir zu Fuß zum Strand hinunterlaufen, kommen
wir an einem von Kopf bis Fuß in Tarnfarben
gekleideten Mann vorbei. Er sitzt reglos auf einem
Campingstuhl und starrt durch einen riesigen
Feldstecher aufs Meer hinaus. 200 Meter entfernt
von ihm kauert ein weiterer Mann unter dem
Vordach eines winzigen Tarnzelts, auch er hat
ein Fernglas im Anschlag. Es sind Ornithologen.

Im Frühjahr und Herbst kommen viele von ihnen
hierher, um Lettlands Vogelreichtum zu bewundern.
Hier kann man Arten beobachten, die in anderen
Teilen Europas selten geworden sind. Einige
sind schon immer in Lettland heimisch gewesen,
andere als Zugvögel zugereist.

Auch Anastasia war damals in ihren in Jūrmala
verlebten Sommern bloß „Zugereiste", das konnte sie
als Kind deutlich spüren. Zwischen den lettischen
Einwohnern und russischen Urlaubern herrschte eine
merkwürdige Distanz, und sie verstand nicht, warum.

Mitten im Zentrum Rigas steht das lettische Freiheitsdenkmal. Bereits 1935 errichtet, ist es für die Letten heute, nach Jahrzehnten unter sowjetischer Führung, das wichtigste Symbol ihrer staatlichen Unabhängigkeit. Tagsüber wird das Denkmal von einer Garde bewacht, an Feiertagen legt man hier Kränze und Blumen nieder.

Nur einen Katzensprung entfernt, aber links der Daugava, steht, düsterer und noch höher, das sowjetische Siegesdenkmal von 1985. Für die in Lettland lebenden Russen ist es bis heute Sinnbild für die Befreiung der lettischen Bevölkerung vom Faschismus.

Zwei gegensätzliche Geschichtsauffassungen.
In Stein gehauen.

xxx

Vielleicht hat es mit dem Besuch der beiden Denkmäler zu tun. Jedenfalls haben unser lettischer Dolmetscher Miks und unser Fahrer Sascha heute das erste Mal miteinander geredet, wenn auch nur über Nebensächlichkeiten. Auf Russisch. Das ist deshalb erwähnenswert, weil beide ihr gesamtes Leben in Riga verbracht haben.

Aber dasselbe Geburtsland zu haben, bedeutet in Lettland noch lange nicht, dass man auch dieselbe Sprache spricht: Sascha ist Russe. Er ist auf eine russische Schule gegangen, hat einen durchweg russischsprachigen Freundeskreis und ist mit einer Russin verheiratet. Beide haben ein Kind, mit dem sie Russisch sprechen und führen ein Transportunternehmen für eine überwiegend russische Klientel.

Dabei hat Sascha gar nichts gegen Letten. Und auch nichts gegen Lettland. Für ihn ist Riga die tollste Stadt der Welt. Wer hier nicht lebt, sagt er, täte ihm leid.

Sascha hat es einfach nie für nötig befunden,
Lettisch zu lernen. Wieso auch? Die russischsprachigen
Bewohner stellen heute knapp ein Drittel der
lettischen Bevölkerung. Einige Kioske in Riga führen
mehr russische als lettische Zeitungen in ihrem
Sortiment. Und aufgrund ihrer sowjetischen
Vergangenheit sprechen die meisten Letten sehr
gutes Russisch.

Und Miks? Für den ist es nichts Neues, in seinem
Heimatland auf Russisch angesprochen zu werden.
Er habe sich daran gewöhnt, behauptet er. Trotzdem
spricht er mit Anastasia lieber Deutsch.

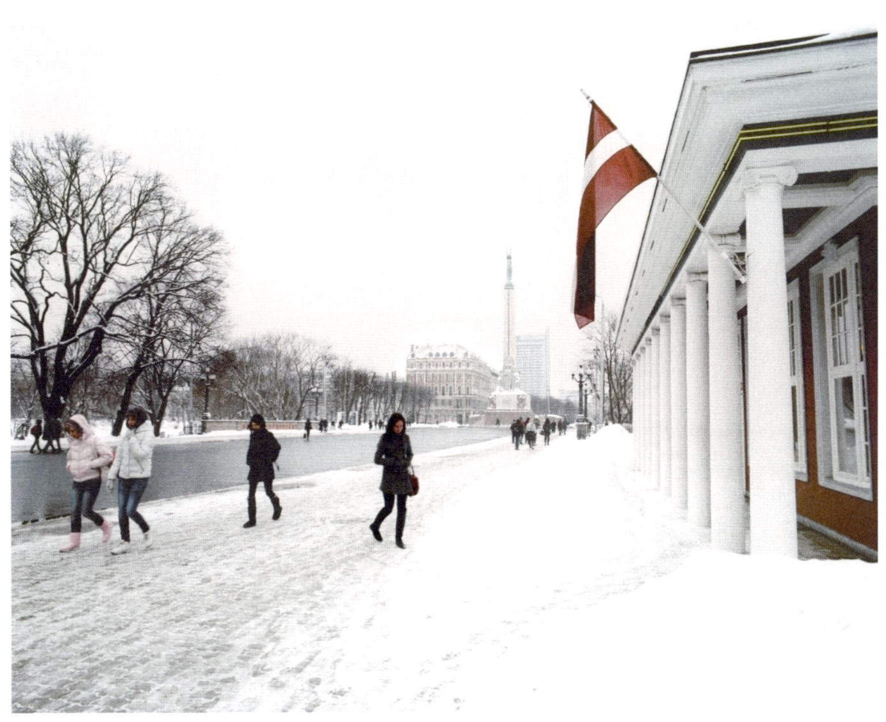

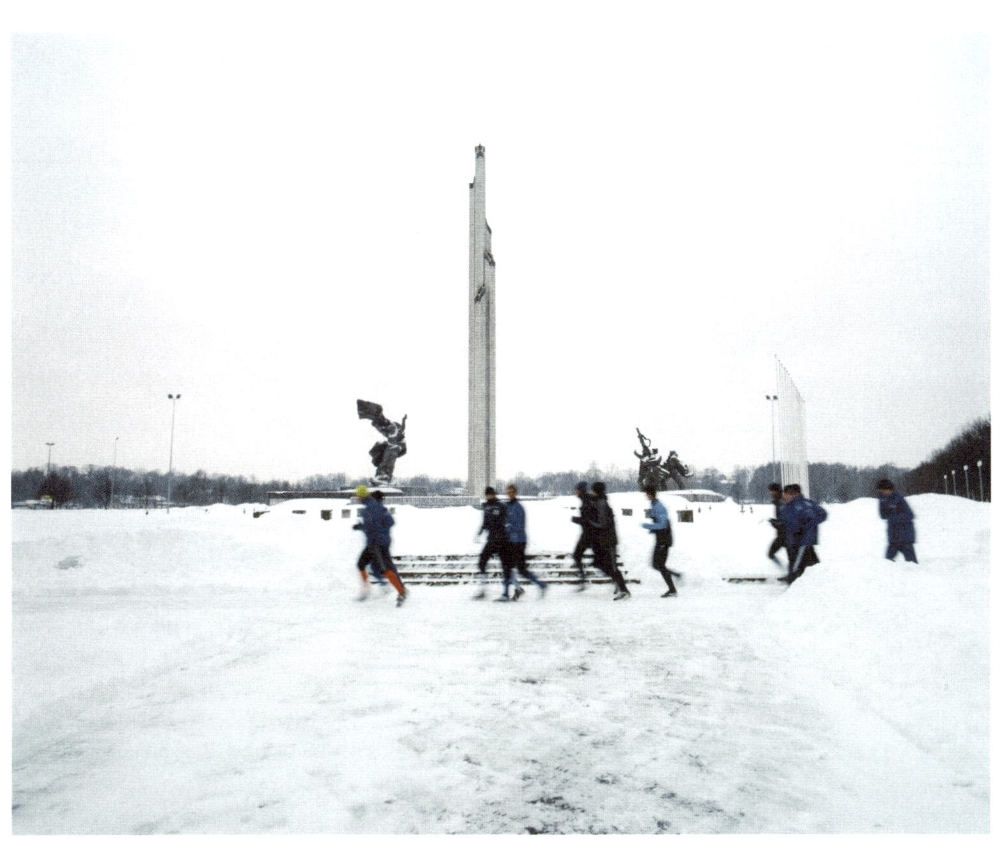

Der Friedhof in Lestene wirkt gepflegt. Die
viereckigen Grabplatten sind im akkuraten Abstand
nebeneinander angeordnet, die schmalen Rasenstreifen
zwischen den Grabreihen gestutzt und von jeglichem
Unkraut befreit. Vereinzelt liegen Blumen auf den
Gräbern. Veteranen humpeln auf ihre Verwandten
oder Stöcke gestützt durch die Reihen und lassen
ihre Blicke unruhig über die Inschriften wandern.
Vielleicht ist ja ein Name dabei, den sie kennen.
Doch anstelle eines Namens steht auf vielen Grabsteinen
bloß der Vermerk „Unbekannt".

Die Veteranen trotten vor zur Tribüne, wo gleich der
Gottesdienst beginnen wird. Dort lassen sie sich
vorsichtig auf die bereitgestellten Bierbänke plumpsen.

xxx

Blasmusik ertönt, und wichtige Vertreter aus Politik
und Verbänden halten Einzug auf dem Friedhof.
Vor dem Mahnmal für die gefallenen Soldaten legen
sie Kränze nieder und ergreifen dann der Reihe nach
das Wort. Den Anfang macht der Vorsitzende einer
Partisanenorganisation. Er ist schon alt, das Reden
fällt ihm schwer. „Ich hoffe, dass man die Orte, an
denen die Soldaten gefallen sind, nicht für politische
Zwecke missbraucht", schließt er. Dann ertönen
Salutschüsse, und die lettische Nationalhymne wird
eingespielt: „Gott segne Lettland, unser teures
Vaterland ..." Alle singen mit.

xxx

Der lettische Verteidigungsminister betritt die
Bühne. Er erinnert an 80 000 lettische Soldaten,
die im Krieg umgekommen sind, die Hälfte davon
in sowjetischer Uniform. Es sei unfair, dass zwei
Großmächte einen Krieg in Lettland angezettelt
hätten und es offenbar auch im Nachhinein nicht
für nötig hielten, jetzt und hier am 8. Mai die
Gräber der gefallenen lettischen Soldaten zu
besuchen und so ihre Anteilnahme auszudrücken.

xxx

Der Pastor weiht zwei neue Gedenktafeln ein, auf denen ergänzend zu den bereits vorhandenen die Namen Gefallener vermerkt sind. „Sie sind mit Christus' Liebe gefallen", sagt er. Dann zeigt er auf eine alte Eiche, die während eines Gefechts beschädigt wurde, und schließt den Gottesdienst mit den Worten: „Unser Volk ist wie diese Eiche: Etwas verletzt, aber am Leben."

xxx

Nach dem Gottesdienst trifft man sich auf einem nahe gelegenen ehemaligen Schlachtfeld wieder. Im Schatten alter Bäume breiten die Menschen ihre Picknickdecken aus, löffeln Erbsensuppe aus Styroporschälchen und reden. Die Stimmung ist gelöst. Gesprochen wird über alles. Nur nicht so sehr über den Krieg.

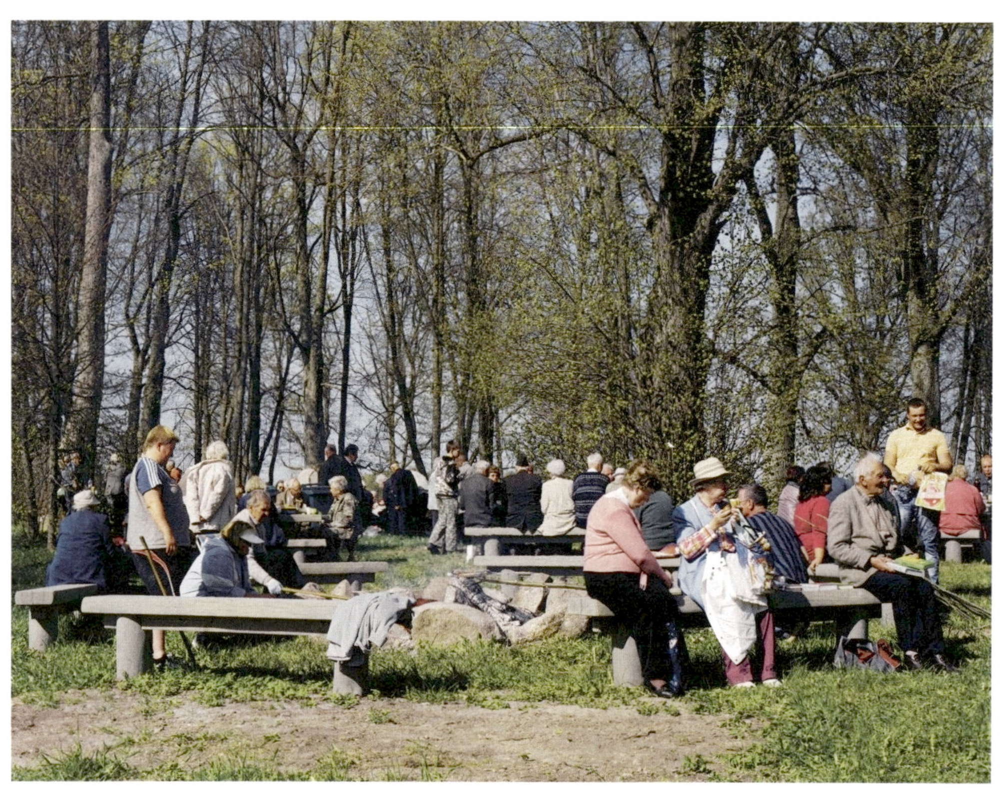

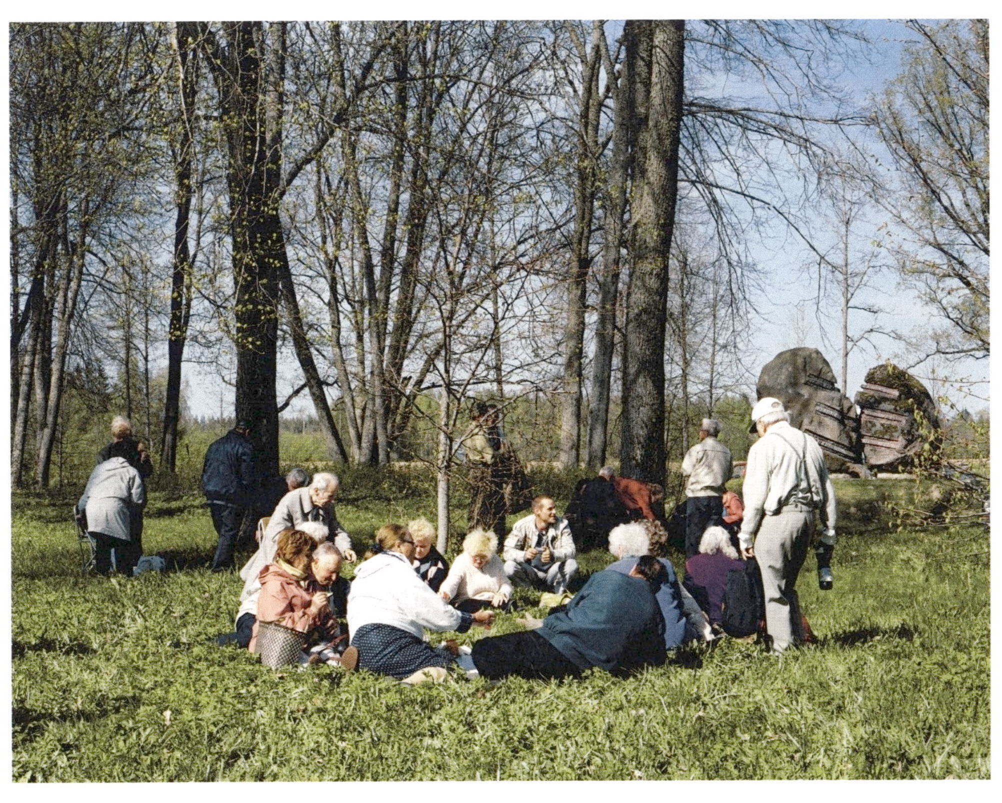

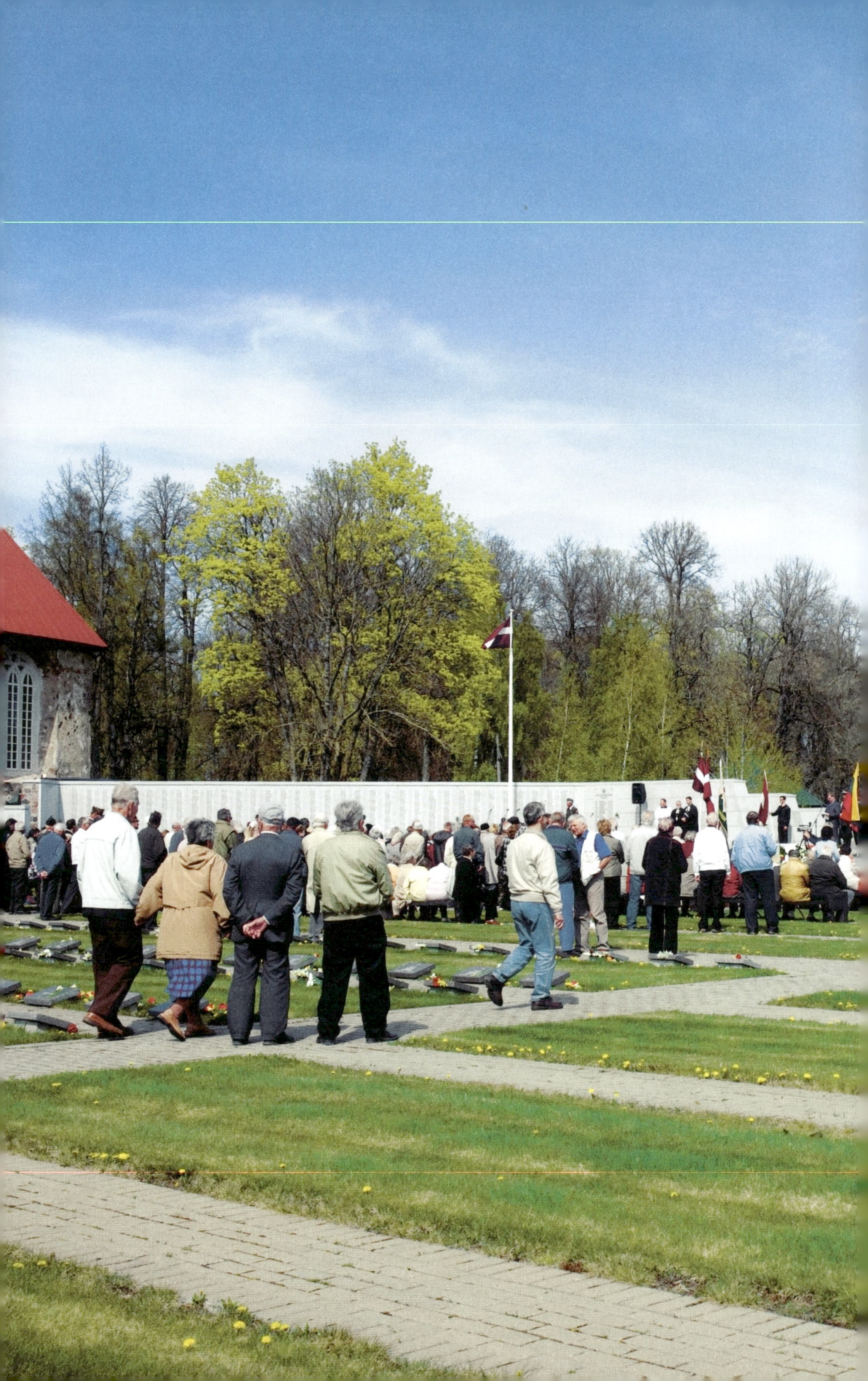

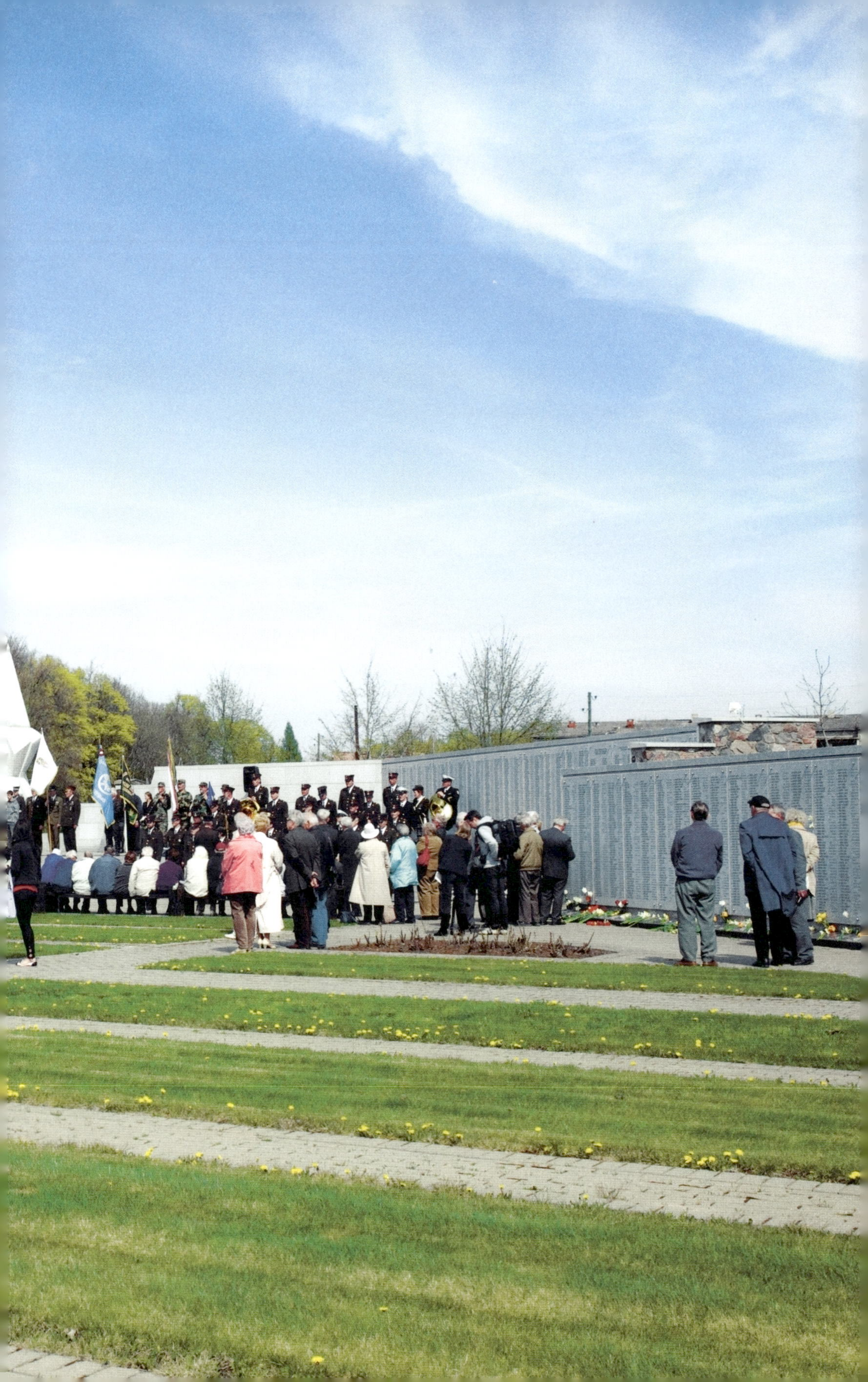

Wir stehen am Fuße des sowjetischen Siegesdenkmals
und blicken auf ein Meer von Menschen, die andächtig
Blumen niederlegen und dabei Zuckerwatte essen.
Und ich hoffe, dass ich als vermutlich einzige
anwesende Deutsche für sie unsichtbar bin. Denn
ich werde das Gefühl nicht los, gerade Tausenden
von Russen bei einer sehr privaten Angelegenheit
zuzuschauen.

Dabei könnte die hier in Riga begangene Feier
zum „Tag des Sieges" öffentlicher kaum sein:
Die gesamte Rigaer Presse ist vertreten, die kriti-
sche und die russlandtreue. Und über riesige
Fernsehbildschirme wird die zeitgleich in Moskau
stattfindende Militärparade live auf den Platz
übertragen. Direkt neben uns steht eine überdachte
Tribüne, auf der verschiedene russischstämmige
Künstler die Stimmung der unterhaltungssüchtigen
Besucher einheizen, ehe im Laufe des Tages russ-
landnahe lettische Politiker und Verbandsleute ans
Mikrofon treten und mit kämpferischer Stimme die
historische Bedeutung des sowjetischen Sieges über
den Nationalsozialismus unterstreichen werden.

Wer genug von den Reden und Darbietungen hat,
lässt sich einfach treiben: Es gibt Luftballons für
die Kleinen, Anstecker für die Großen und Fressbuden
für alle. Außerdem Verkaufs- und Infostände, an
denen man Bücher über die sowjetischen Heldentaten
im Zweiten Weltkrieg ersteigern, alte Sturmgewehre
bewundern oder einfach nur für die Exhumierung und
Überführung der Gebeine russischer Gefallener
spenden kann. So ist gewährleistet, dass die Masse
bis zum späten Abend in Bewegung bleibt.

xxx

Inmitten des nicht enden wollenden Zustroms neuer
Besucher stehen – wie museale Ausstellungsstücke
und umringt von Schaulustigen – die russischen
Veteranen des Zweiten Weltkriegs. Sie haben sich
feierlich zurechtgemacht, tragen ihre alten Rote-
Armee-Uniformen und hoch dotierte Orden am Revers.

Eine Mutter zeigt auf einen Mann, der mit besonders
vielen Orden dekoriert ist und seine Augen hinter
verspiegelten Sonnenbrillengläsern verbirgt.
„Guck mal, der hat für Dich im Großen Vaterländischen
Krieg gekämpft", erklärt sie ihrer kleinen Tochter.
Das Mädchen nickt ehrfürchtig und streckt dem Veteran
zaghaft eine rote Tulpe entgegen. Der alte Mann
beugt sich lächelnd hinab, nimmt die Blume und lässt
sich von dem Mädchen einen Kuss auf die Wange hauchen.
Kaum hat er sich wieder erhoben, legt er die Tulpe
beiseite, zu all den anderen, die er heute schon
bekommen hat. Um weitere Glückwünsche entgegennehmen
zu können, muss er die Hände frei haben.

Immer wieder bleiben Menschen stehen, liegen den
Veteranen in den Armen und schießen Erinnerungsfotos.
Man merkt, dass die greisen Männer von all dem
Trubel um ihre Person überfordert sind. Aber die
ungewohnt geballte Anerkennung wirkt auch wie Balsam
auf ihre alte Soldatenseele, und so nehmen sie
sie dankend an.

Für diesen einen Tag sind die russischen Veteranen
so etwas wie Popstars.

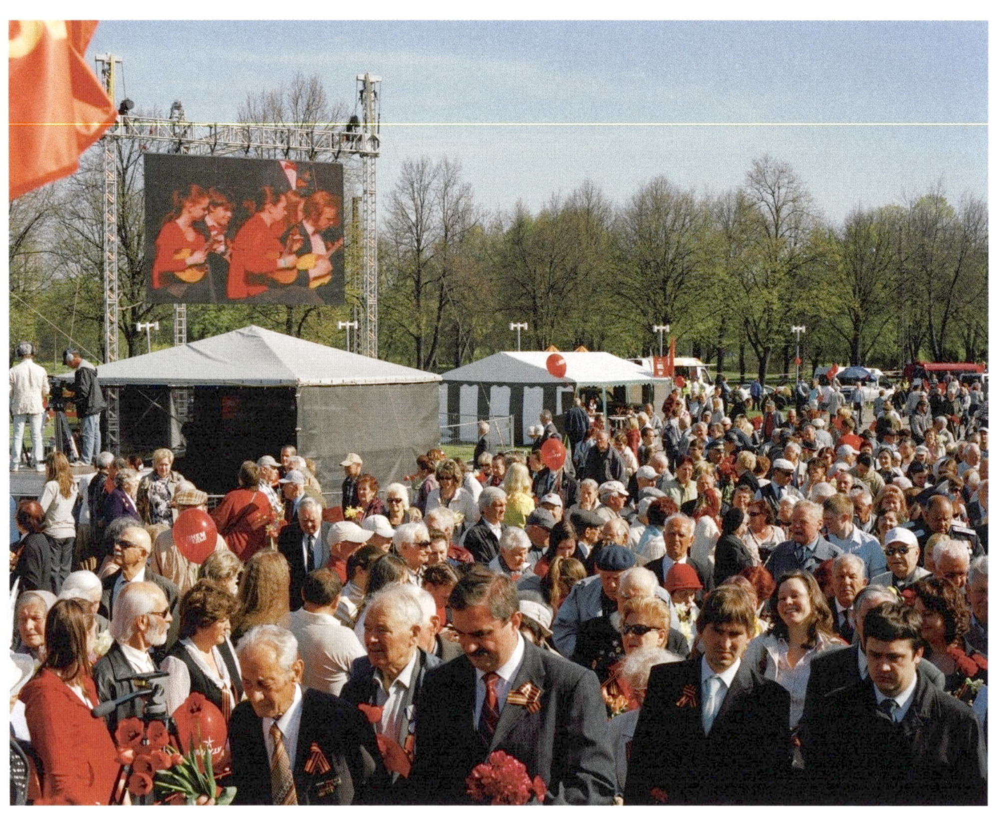

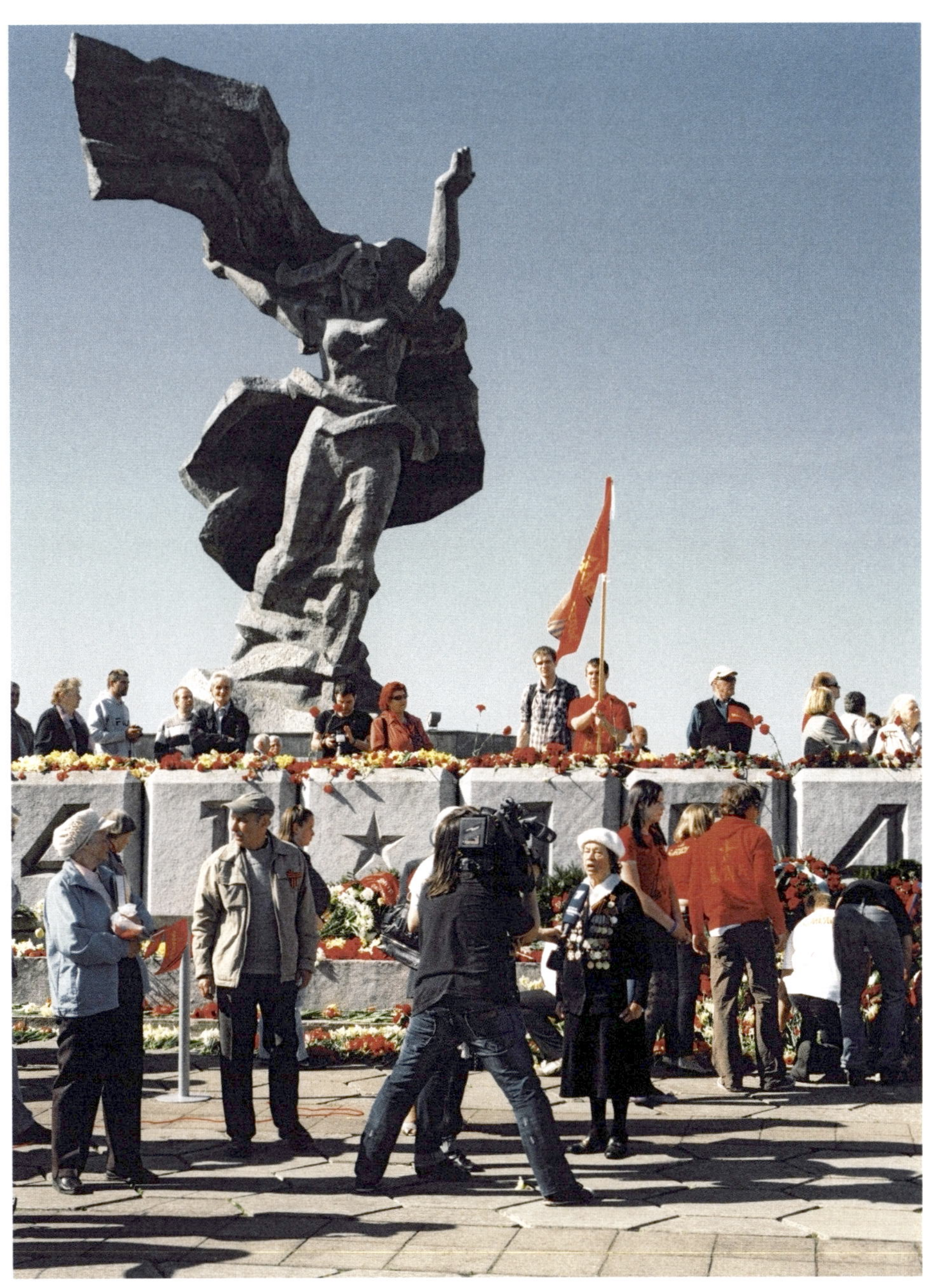

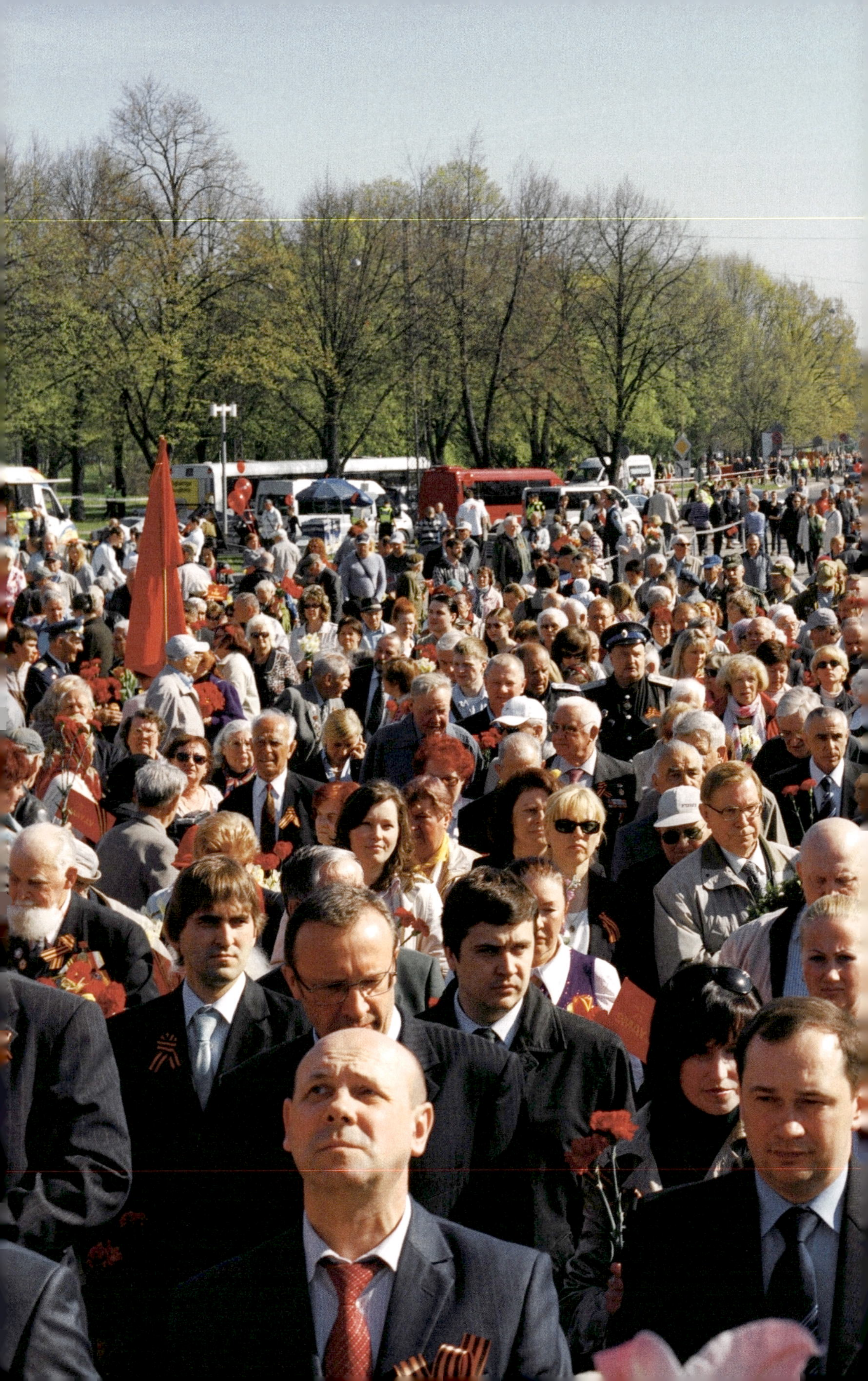

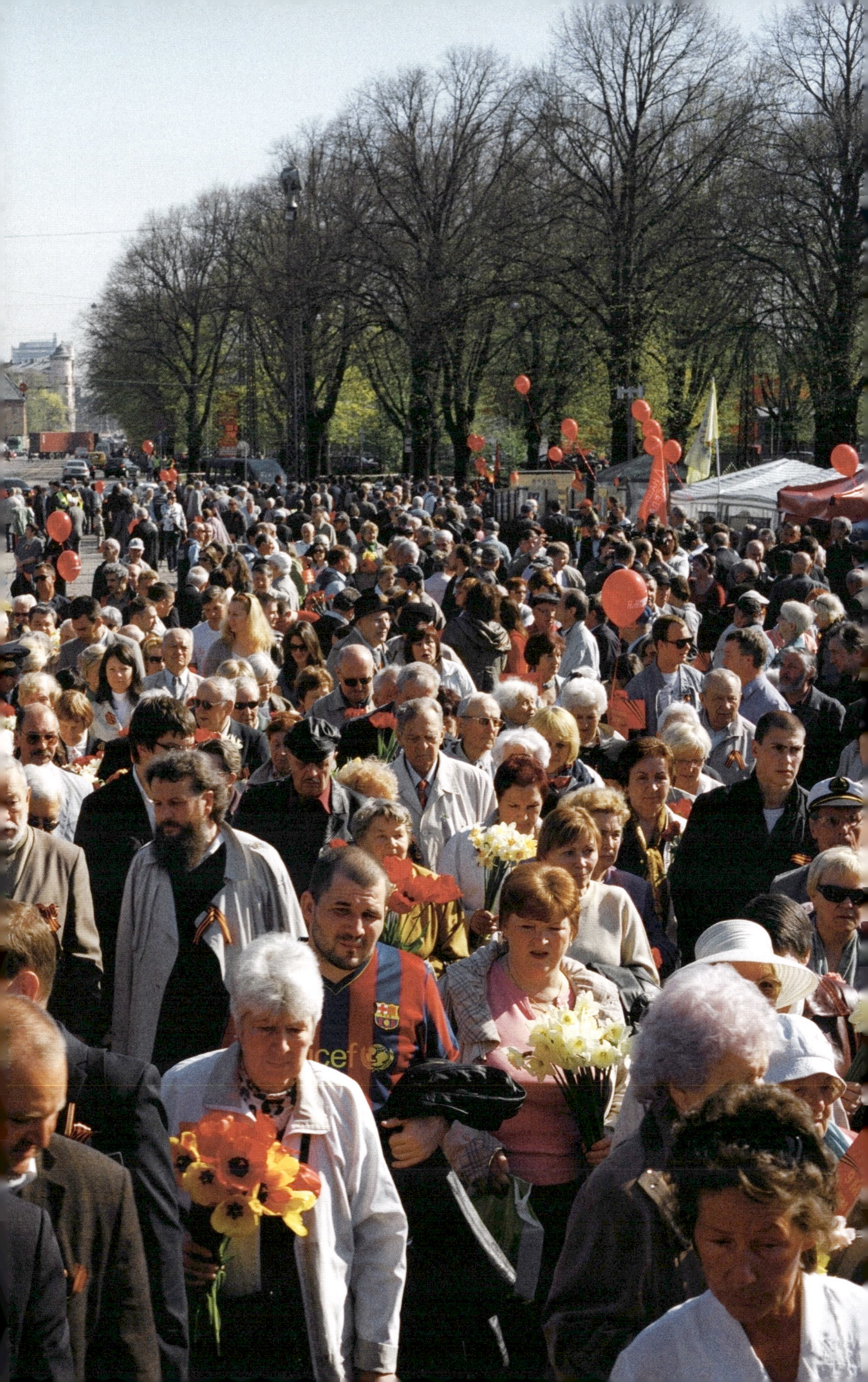

Die Sonne scheint. Trotzdem weht uns vom Meer her
ein rauer Wind entgegen, was die Angler am wenige
hundert Meter entfernt gelegenen Pier dazu
veranlasst, dicke Mützen und Jacken zu tragen.
Auf dem Fußmarsch hierher konnten wir im Rücken
ihre neugierigen Blicke spüren. Wir fallen auf,
wie nur jemand auffallen kann, der nicht hierher
gehört. Von der ersten Sekunde an hat man uns als
Geschichtstouristen entlarvt. Als neugierige
Besucher, welche die Überreste der ehemaligen
sowjetischen Abwehranlagen als scheußlich-faszinie-
rende Fremdkörper inmitten wunderschöner Natur
begreifen – und dabei übersehen, dass sie selbst
an diesem Ort die viel größeren Fremdkörper sind.

Tatsächlich ist es für uns, während wir neugierig
auf den maroden Überresten herumklettern, kaum
vorstellbar, tagtäglich von der bedrohlich-tristen
Kulisse eines ehemaligen Kriegshafens umgeben zu
sein. Aber die Menschen hier haben sich offenbar
schon so sehr an den Anblick der verfallenen
Befestigungsanlagen gewöhnt, dass ihr Umgang
damit viel nüchterner, vielleicht sogar natürlicher
ist als unserer. Wer mit einer Behelfsrute aus
Stock und Bindfaden sein Anglerglück versucht,
weil er nicht genügend Geld für Lebensmittel aus
dem Supermarkt besitzt, den dürfte die militär-
historische und politische Tragweite dieser im
Wasser vor sich hin verrottenden Betonklötze herzlich
egal sein. Bei uns jedoch hinterlassen die alten
Militäranlagen von Karosta einen Kloß im Hals.

Wer weiß, irgendwann in ferner Zukunft wird es
vielleicht wieder Menschen geben, die geradezu
dankbar dafür sind, dass diese „Kulturdenkmäler"
überdauern konnten. So wie wir heute dankbar sind
für jeden noch so kleinen archäologischen Fund
aus der griechischen Antike.

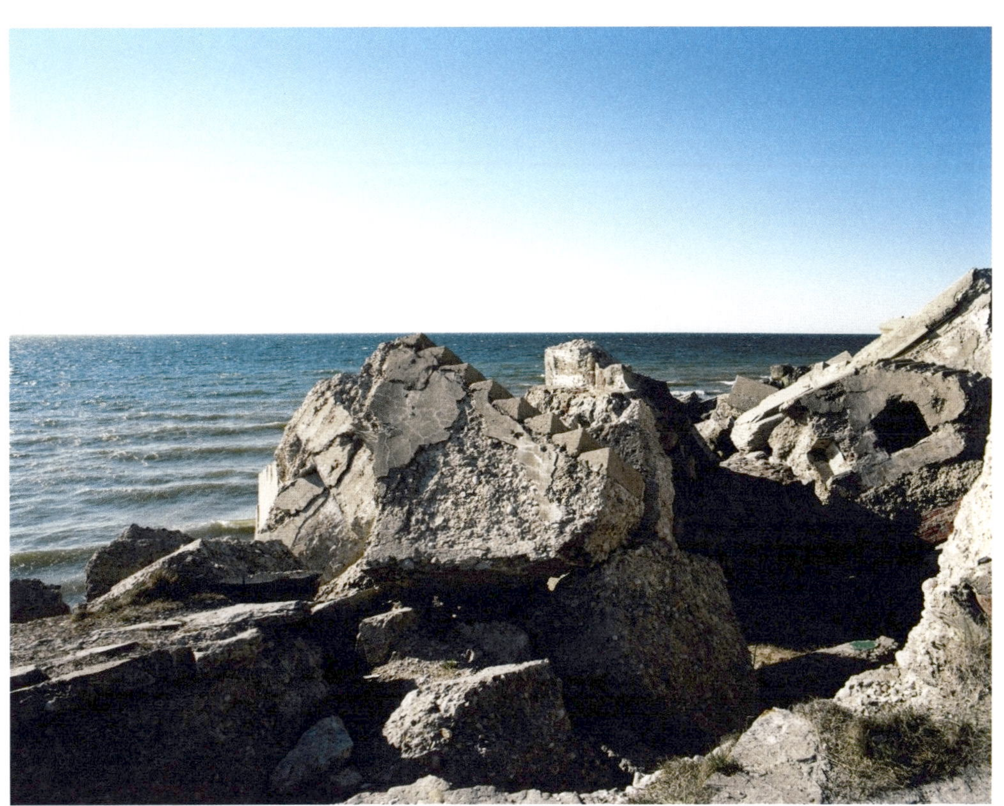

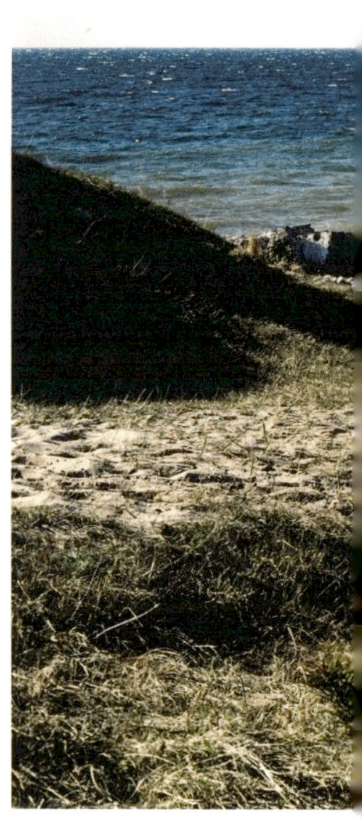

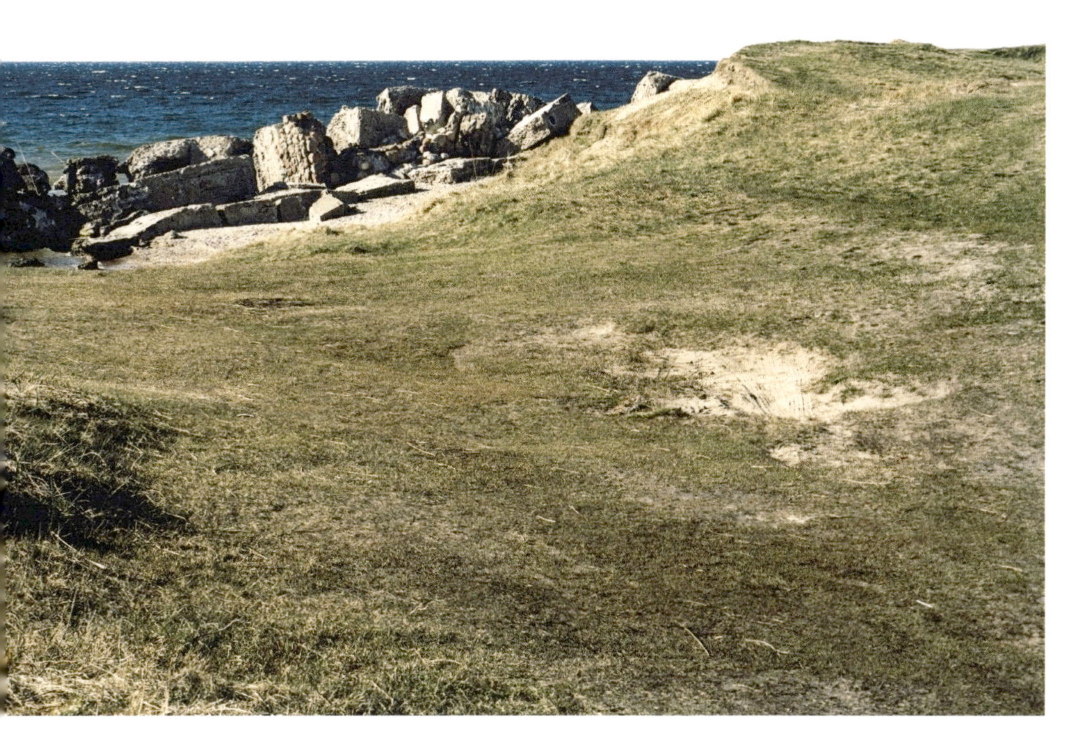

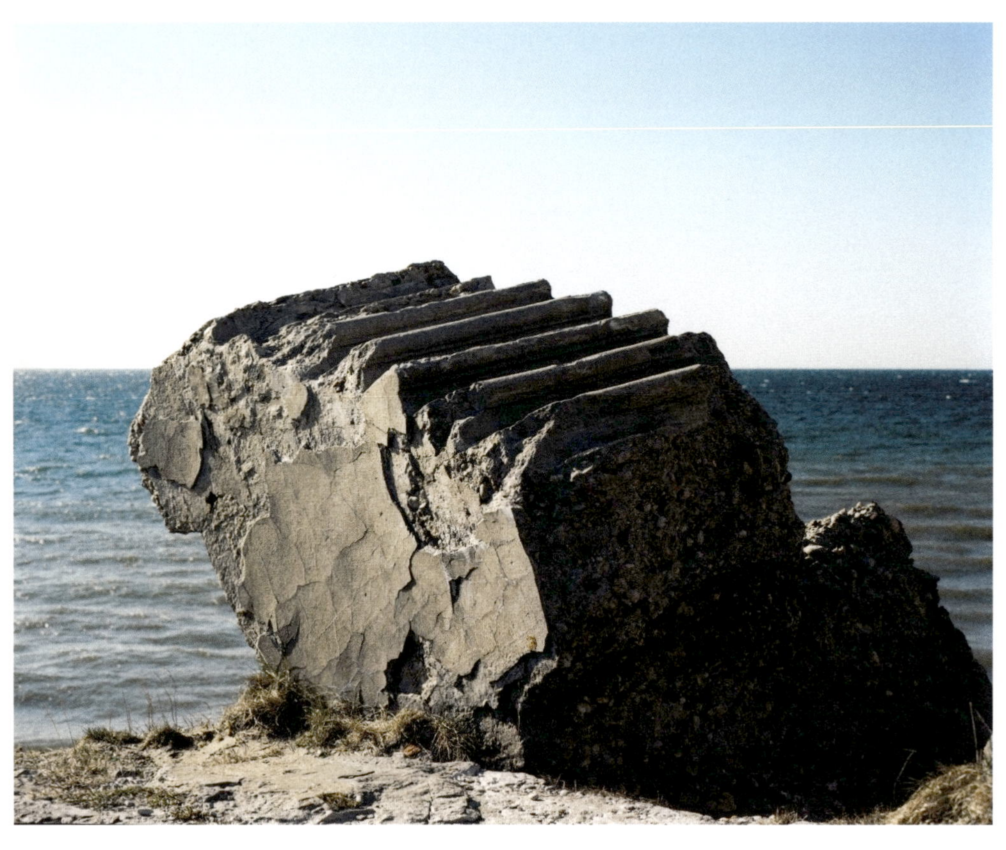

Wir haben heute mehrere Soldatenfriedhöfe besucht.
Ganz Kurland (Kurzeme) ist ja voll davon. Man muss
nur mit etwas Geduld eine Straße entlang fahren,
und schon stößt man auf ein entsprechendes
Hinweisschild. Es gibt Friedhöfe für Gefallene der
Lettischen SS-Freiwilligenlegion, Friedhöfe für
Gefallene der Roten Armee und Friedhöfe für Gefallene
der Wehrmacht, doch keinen Friedhof, auf dem
Soldaten aller drei Parteien gemeinsam bestattet
worden sind. Uns ist jedenfalls keiner begegnet.
Auch Miks konnte uns keinen nennen.

Noch in Deutschland hatten Anastasia und ich viel
darüber diskutiert, ob man lettische und sowjetische
Veteranen so ohne Weiteres in einem Buch vereinen
könnte. Ob man ihnen damit gerecht würde. Anastasia
meinte damit vor allem die Russen. Schließlich
hätten sie die Welt vom Nationalsozialismus befreit.
Natürlich hat sie recht. Aber genauso könnte man
auch argumentieren: Wird man den Letten damit
gerecht, dass man sie in einem Atemzug mit ihren
späteren russischen Unterdrückern nennt? Es ist
der alte, festgefahrene Streit, den auch Russen und
Letten führen und der letztlich auf dem Rücken
der Veteranen ausgetragen wird.

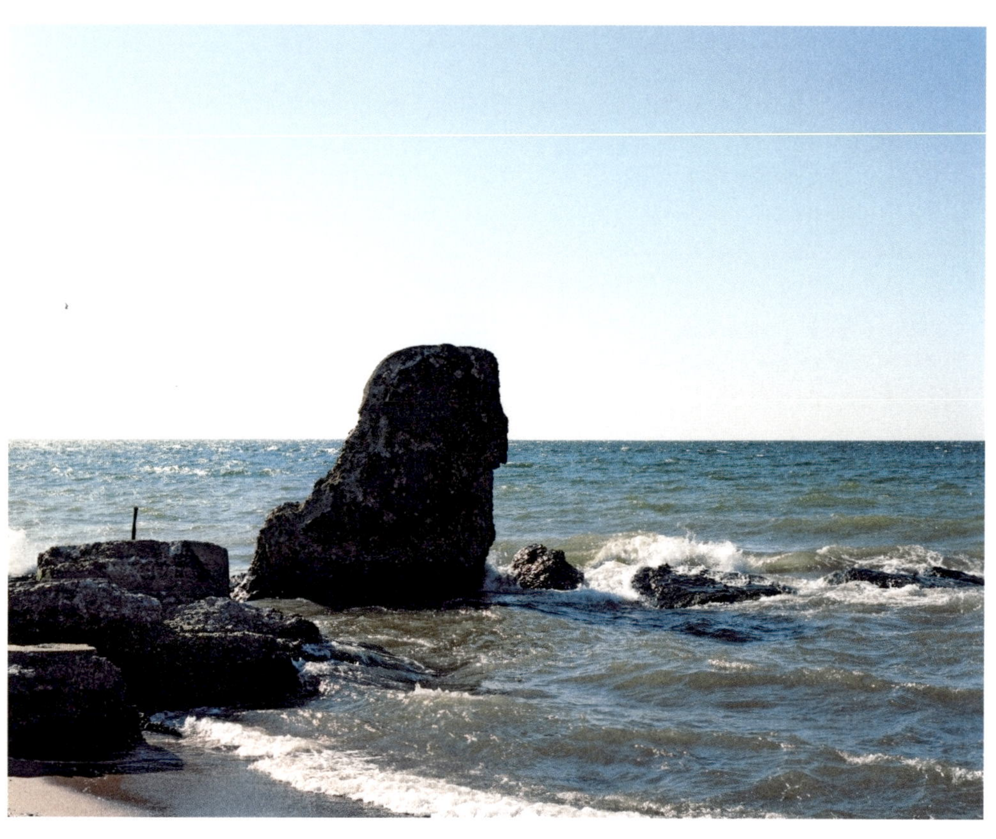

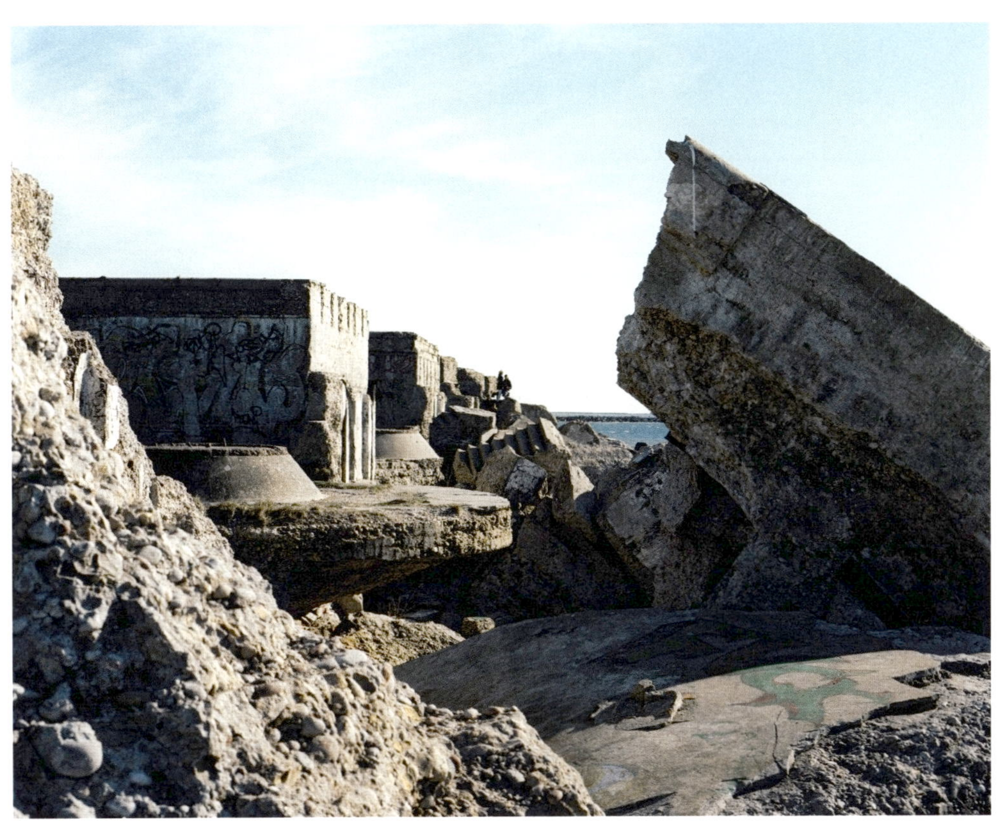

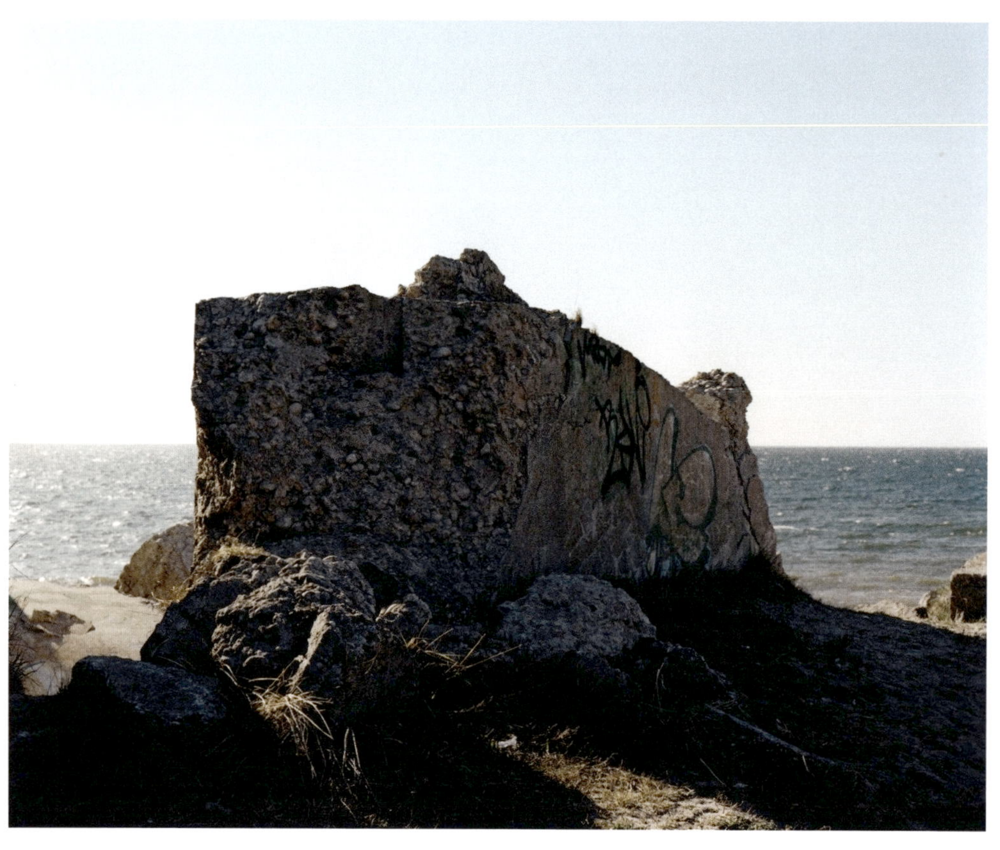

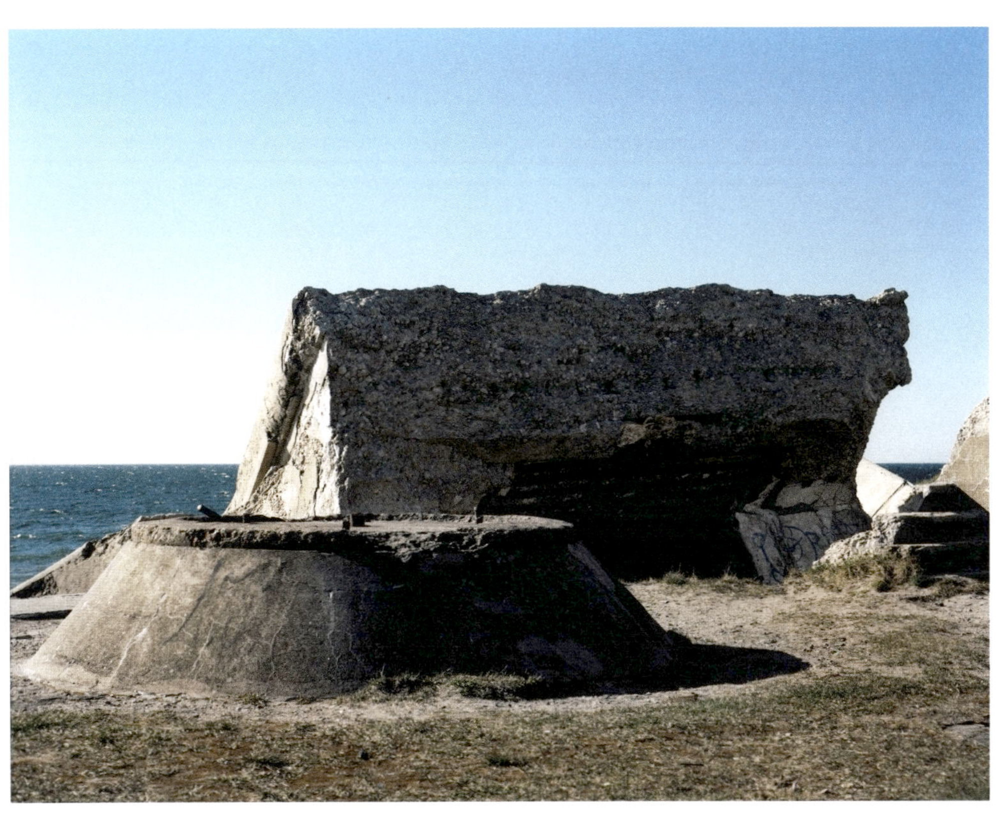

Karosta. In unserem deutschen Reiseführer wird
dieser einst von Liepāja unabhängige sowjetische
Militärstadtteil als kommendes „Quartier der Kreativen"
gepriesen. Aber Karosta kommt nicht. Karosta steht
still. Erdrückend still.

Als wir im Schritttempo durch die Straßen
schleichen, vorbei an verlassenen, unkrautüberwu-
cherten Grundstücken, kaputten Plattenbaufassaden
und eingeworfenen Fensterscheiben, ohne auch nur
einer Menschenseele zu begegnen, muss ich plötzlich
an einen schlechten Katastrophenfilm denken:
um uns die zerstörte Stadt, während über uns der
Himmel aufreißt, und wir die einzigen Überlebenden.
Ein absurder, völlig unpassender Gedanke ...

Es ist auch weniger der Ort, der diese bizarre
Assoziation in mir weckt, als die beklemmende
Stimmung, die auf ihm liegt: Es ist, als sei hier
im denkbar ungünstigsten Moment die Zeit stehen
geblieben – nämlich unmittelbar zwischen Zusammen-
bruch und Neuanfang – und als hingen seine
Bewohner seitdem in einer Art Warteschleife fest.

xxx

Zu Fuß laufen wir durch eine verlassene Soldaten-
siedlung: eine Ansammlung ausgeschlachteter,
würdeloser Plattenbauten, bei denen mittlerweile
selbst Fenster und Türen fehlen. Die ursprünglich
weißen Fassaden sind vergilbt und mit Graffiti
beschmiert. In den offenen Hauseingängen liegt Unrat.
Als wir uns einem davon vorsichtig nähern, schlägt
uns der Gestank von Urin und Rattenkot entgegen.

Zwei kleine russische Jungen kommen uns entgegen.
Plötzlich schreit der eine „Fotze!" und blickt dabei
in unsere Richtung. Beide lachen sich halb tot. Etwas
abseits des Weges versucht eine Gruppe Jugendlicher,
einen Baumstumpf anzuzünden. Und nur wenige Meter
entfernt sitzt ein Mann auf einer Bank, nippt an
einer Flasche und nimmt keinerlei Notiz von alldem.

Früher, noch Anfang des 20. Jahrhunderts,
muss Karosta einmal sehr prächtig gewesen sein:
eine auf Geheiß des russischen Zaren Alexander III.
entstandene Militärstadt mit Kriegshafen, hohem
Lebensstandard und modernster Infrastruktur,
zu der Zivilisten keinen Zutritt hatten. Heute
sind die goldenen Kuppeln der Nikolai-Kathedrale
das Einzige, was hier noch glänzt: Karosta ist
zu einem Geisterstadtteil verkommen. Seit der
Unabhängigkeit Lettlands und dem Abzug von etwa
20 000 sowjetischen Soldaten steht ein Drittel
der Häuser und Plattenbauten leer. Und die
Nachkommen der einst so privilegierten sowjetischen
Soldaten sind völlig sich selbst überlassen.

Я в Латвии. Иду по центральной улице Юрмалы —
Йомас — и поворачиваю дальше на улицу Турайдас.
Передо мной — незнакомые дома, кафе, магазины,
а дальше — море.

Мне кажется, что этот город я вижу впервые;
я продолжаю осматриваться с любопытством путешест-
венника, очутившегося в незнакомом месте. Но через
мгновение морской воздух, запах сосен и юрмальские
дюны переносят меня в детство. Я вспоминаю
счастливые и беззаботные летние каникулы, некогда
проведенные здесь с родителями и друзьями.

Вот гостиница, где мы останавливались, я должна
ее узнать. Я вижу здание, скорее всего, уже
подготовленное к сносу, полуразрушенную постройку
советского времени. Само место изменилось до
неузнаваемости, стало чужим. Я вспоминаю все до
малейших деталей, я даже нахожу свой балкон и
скамейку, на которой я проводила столько времени.

Вместо чувства радости, которое я ожидала
испытать,— комок в горле. И все-таки руины чем-то
притягивают меня. Я начинаю фотографировать.

Через какое-то время замечаю, что меня уже давно
ждут Аннабель и Микс. Они нетерпеливо переминаются
с ноги на ногу во дворе гостиницы, они хотят
к морю: «Идем же, Настя! Тут есть места
поинтереснее!».

Я продолжаю думать о нашей книге: можно ли
соединить то, что не поддается правилам сложения,
не укладывается ни в какие формулы?

Успокаиваю себя тем, что, в конечном счете, история
стран и судьбы людей — это тоже часть жизни, моей
и Аннабель.

Anastasia Khoroshilova, Übersetzung ins Deutsche
auf Seite 99

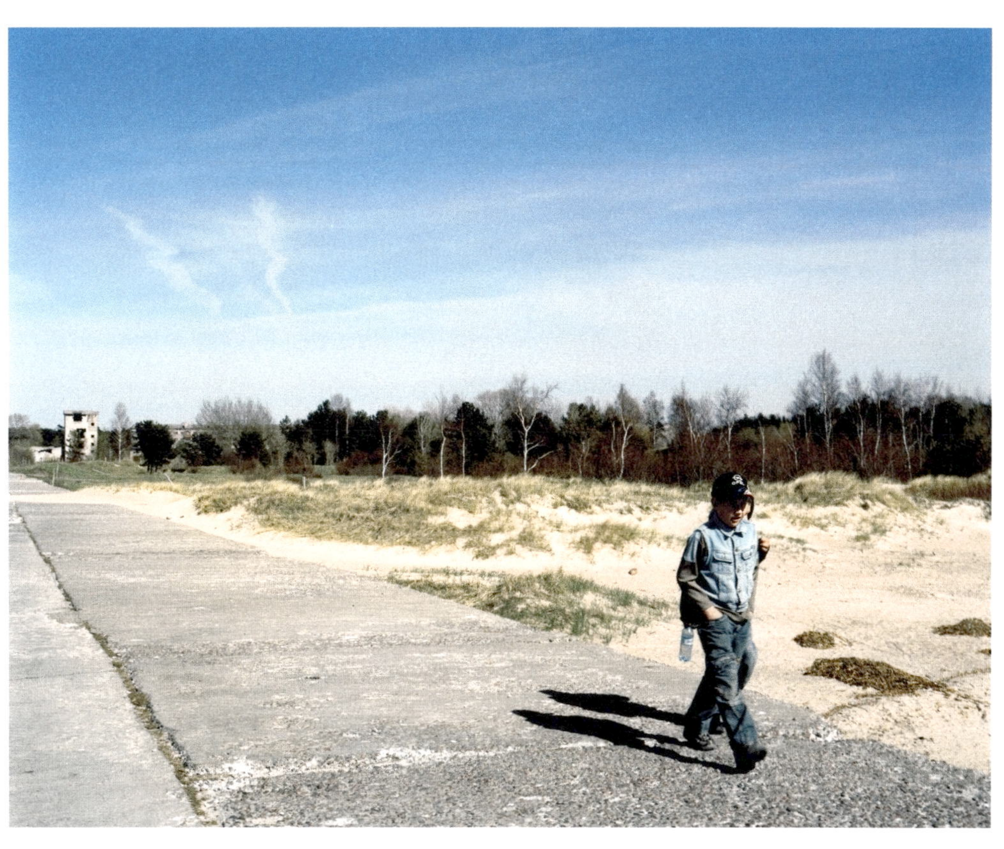

Das Privatmuseum mit Exponaten aus dem Zweiten
Weltkrieg liegt mitten im Nirgendwo, direkt an der
dicht bewaldeten Grenze zu Russland. Entsprechend
überschaubar ist die Zahl der Besucher, die jährlich
hierher finden: Laut Agris, dem Sohn des Besitzers
Imants, beläuft sie sich auf zwei bis drei lettische
Schulklassen und eine Handvoll Touristen. Meistens
seien das Letten und Russen. An Deutsche könne er
sich nur in einem einzigen Fall erinnern.

Ich ahne, welche Besucher er meint: Vor circa zwei
Jahren sind Verwandte von mir hier gewesen. Zufällig,
denn eigentlich wollten sie sich nur die Gegend
ansehen, von der vermutet wird, dass dort mein
Großvater im Jahr 1944 gefallen ist. Er und so viele
andere: Auf den Tischen und in den Regalen des kleinen
Kriegsmuseums türmen sich die Erkennungsmarken,
verrosteten Helme und Kragenspiegel von Soldaten,
deren Verbleib bis heute ungewiss ist.

Außerdem beherbergt das Museum unzählige Gebrauchs-
gegenstände und Waffen von der Front. Vieles ist
kaputt, hat Macken oder ist vom Rost zerfressen.
Manches ist regelrechter Schrott. Trotzdem ist
kein einziges Ausstellungsstück jemals in den Müll
gewandert. Für Imants bemisst sich der Wert der
Exponate nicht am Geld. Es ist die pure Sammel-
leidenschaft, die ihn antreibt. Ihn und Agris.

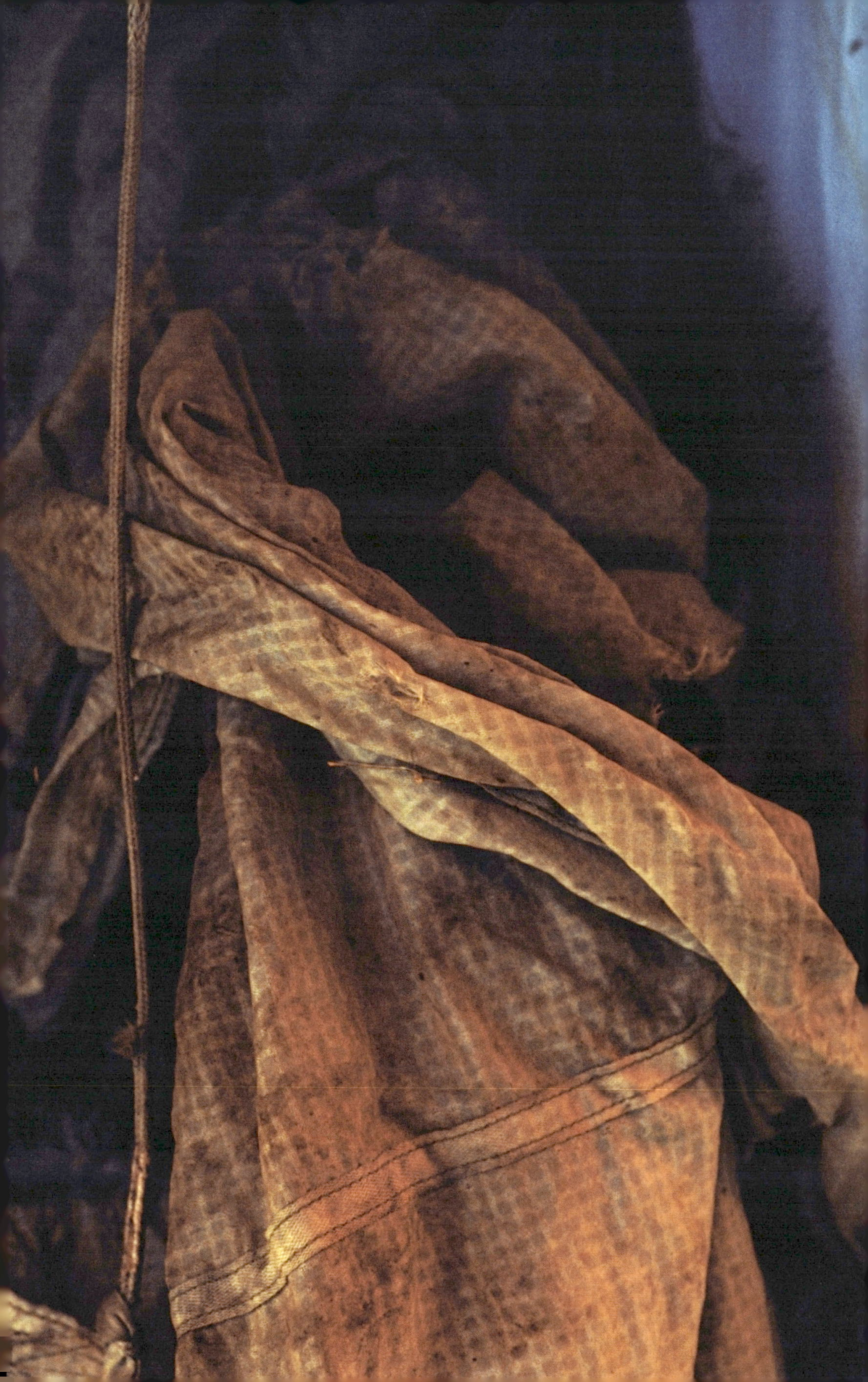

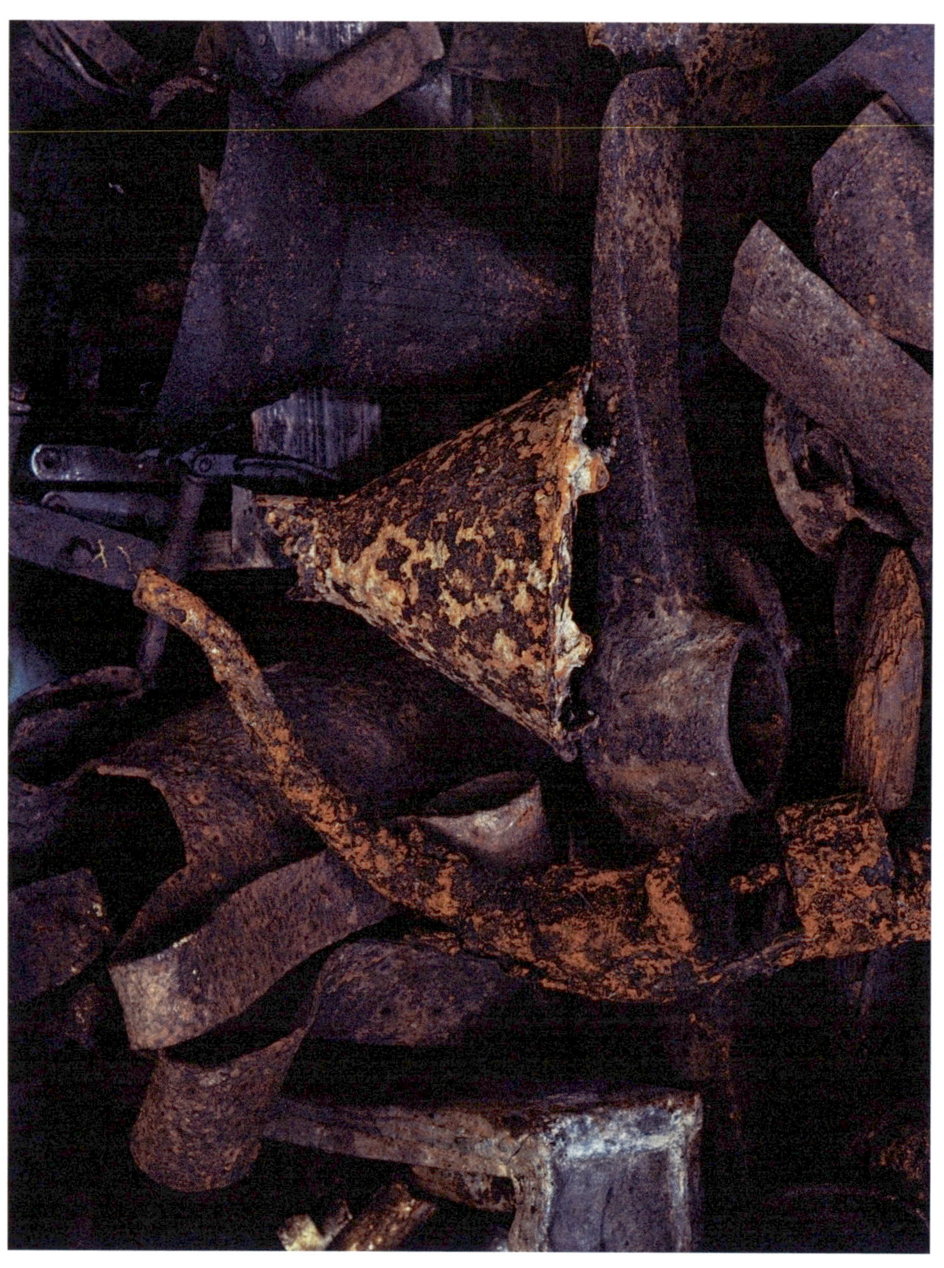

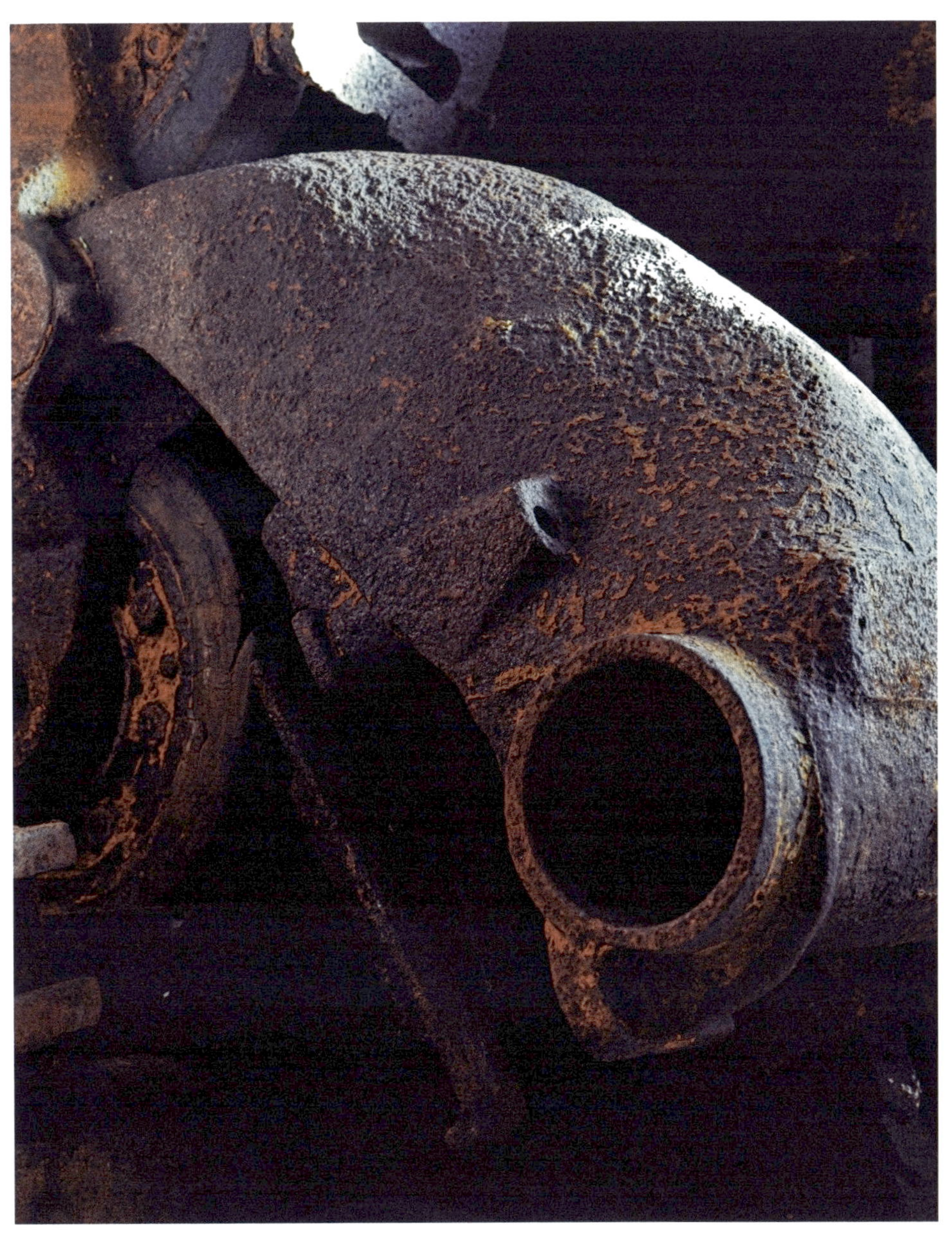

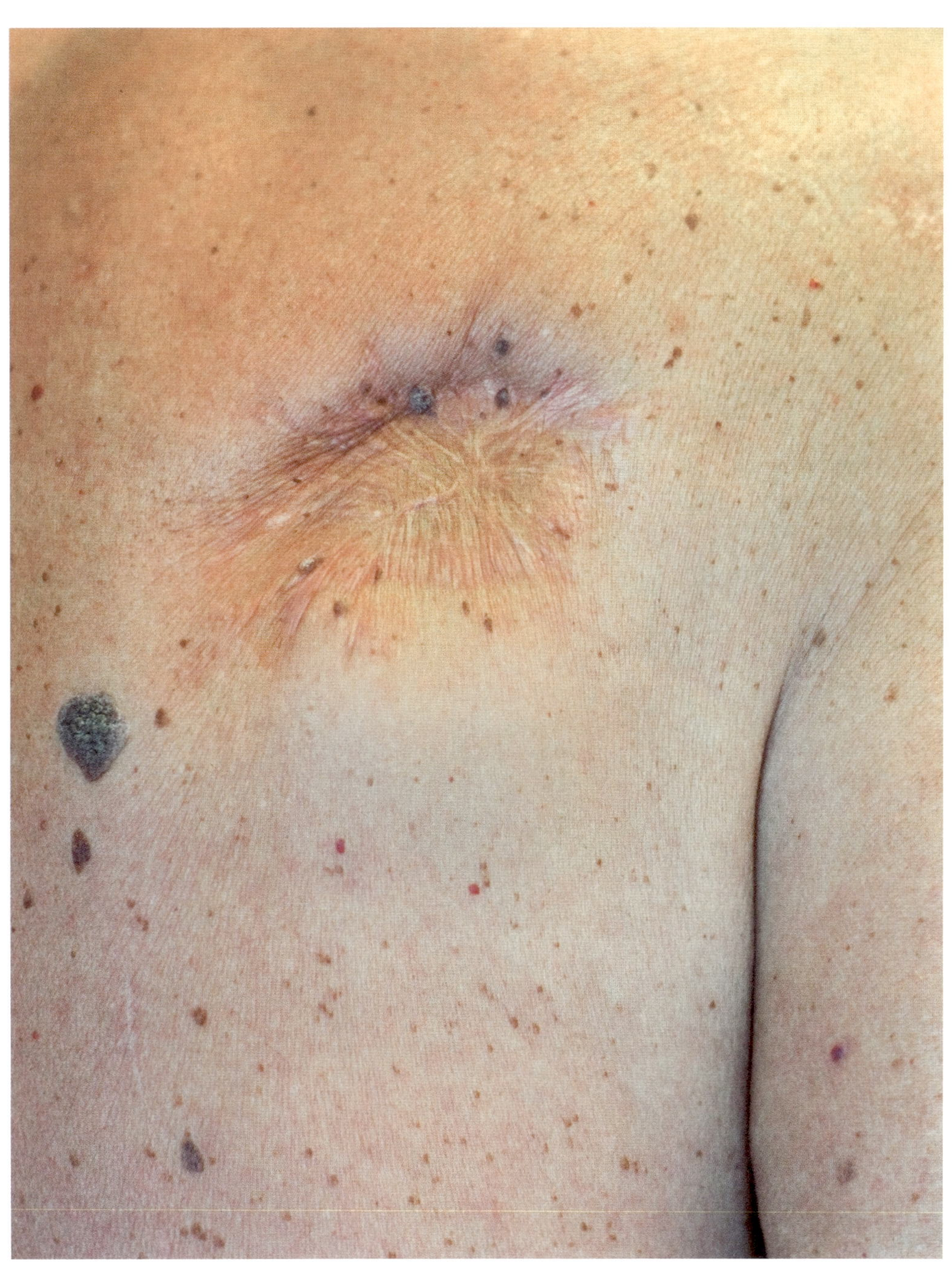

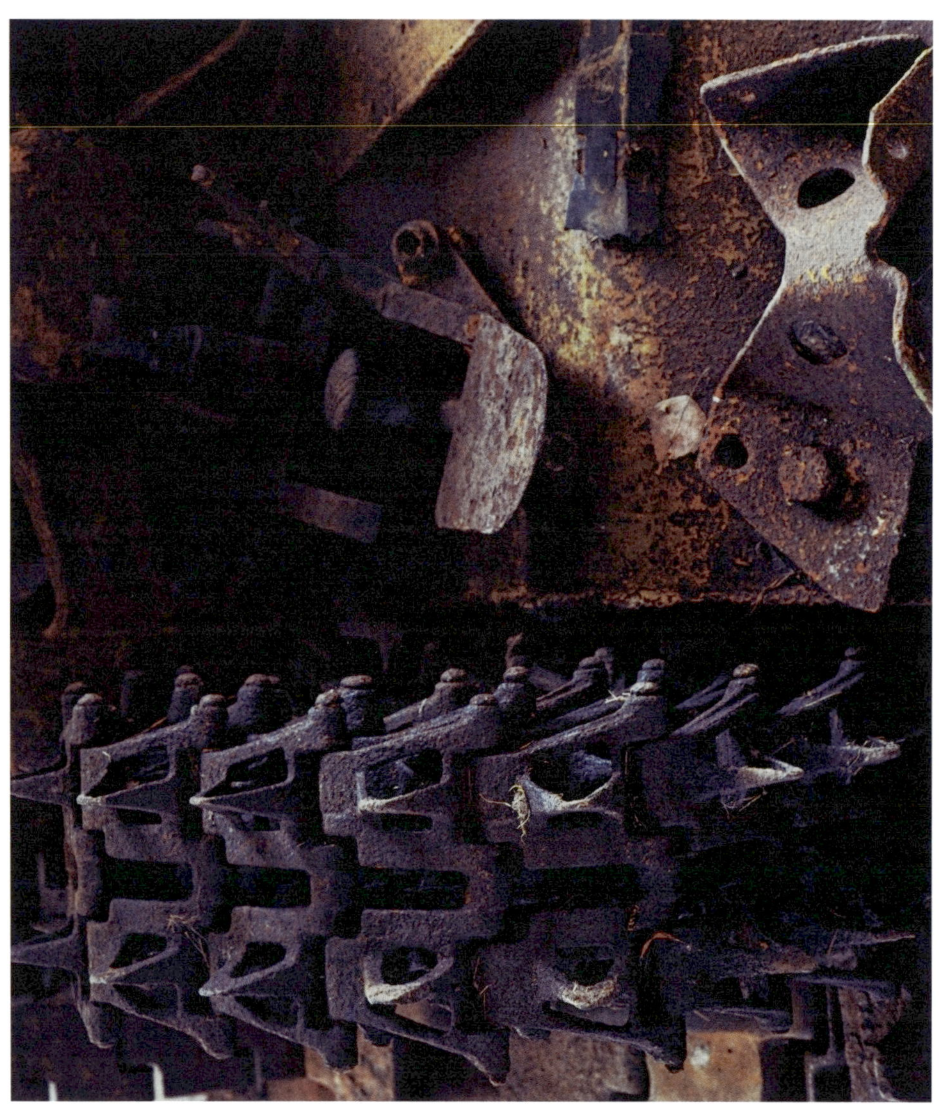

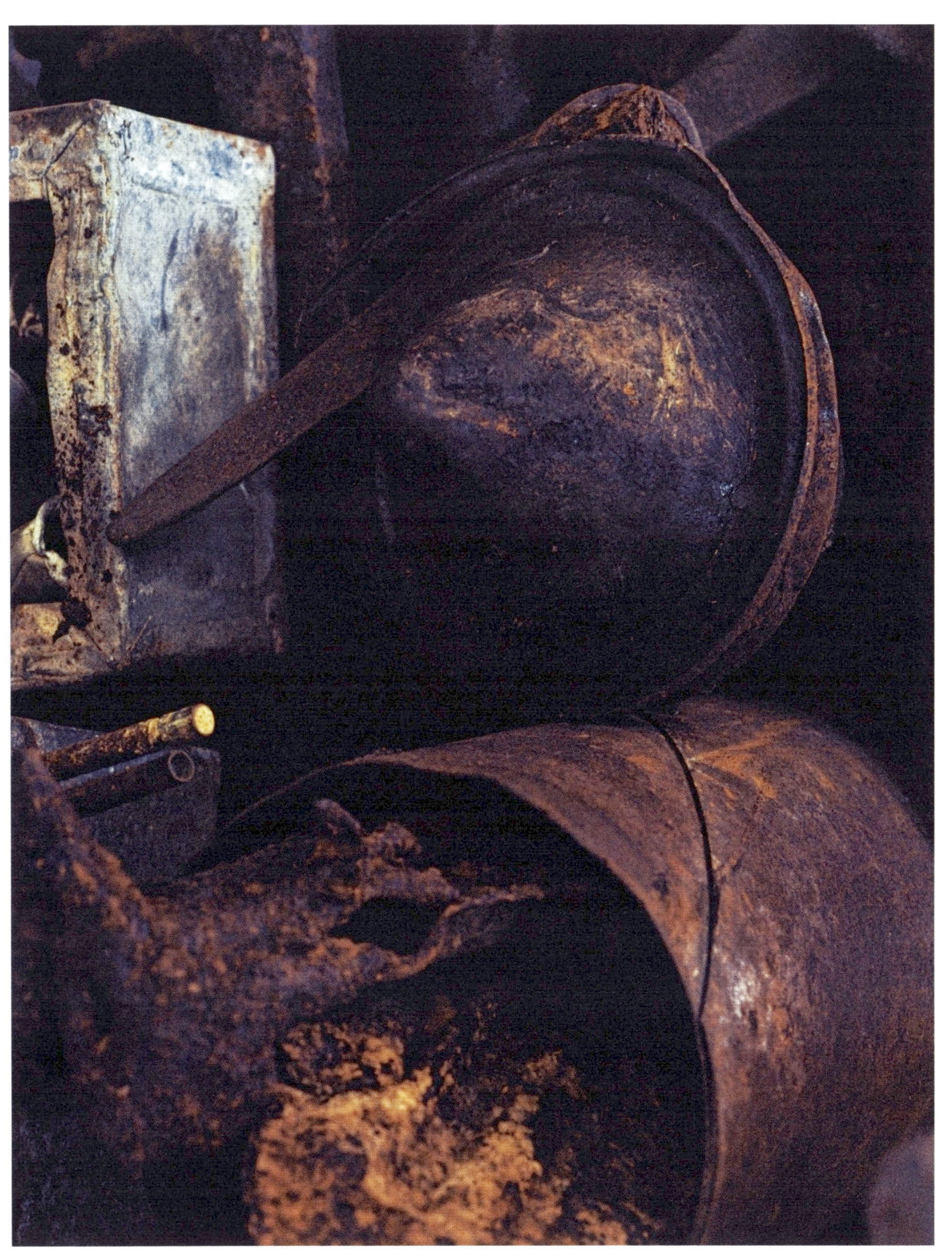

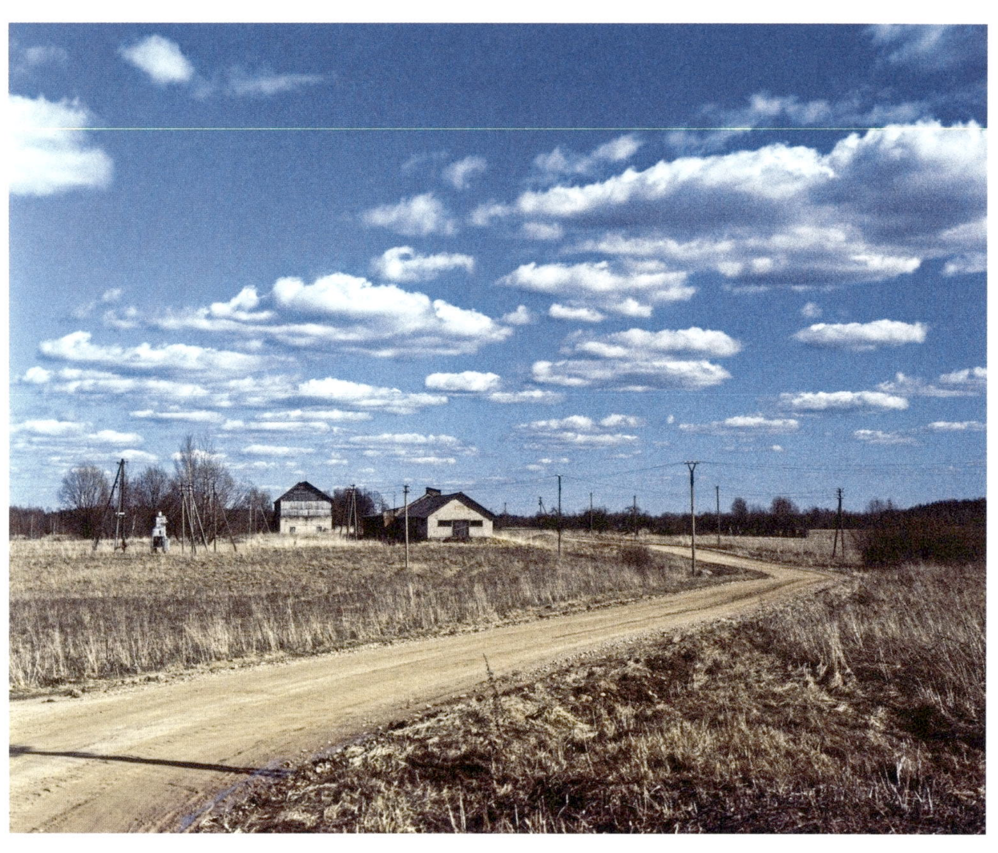

Wald, Wiesen, Sumpf und noch mehr Wald – so lässt
sich Lettland kurz vor der russischen Grenze
beschreiben. Ein unübersichtliches Gelände, bei
dem alles fließend ineinander überzugehen scheint.
Es fällt schwer sich vorzustellen, dass hier noch
vor 68 Jahren schwere Kämpfe stattgefunden haben.
Noch schwerer, dass hier mein Großvater gefallen
sein soll. Handelt es sich bei der matschigen Wiese
dort hinten um ein ehemaliges Schlachtfeld?
Handelt es sich überhaupt um irgendetwas? Je mehr
ich mich anstrenge, desto weniger Bedeutsames
kann ich da draußen erkennen. Es scheint, als habe
die Natur alles, was war, verschluckt und als
müsse sie es immer noch verdauen.

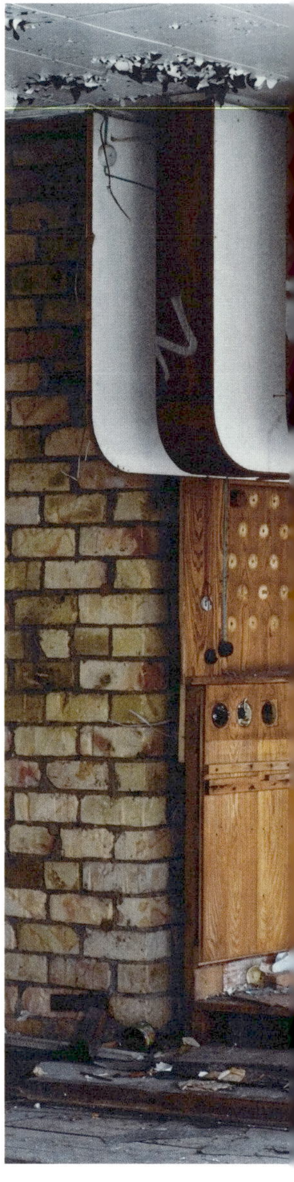

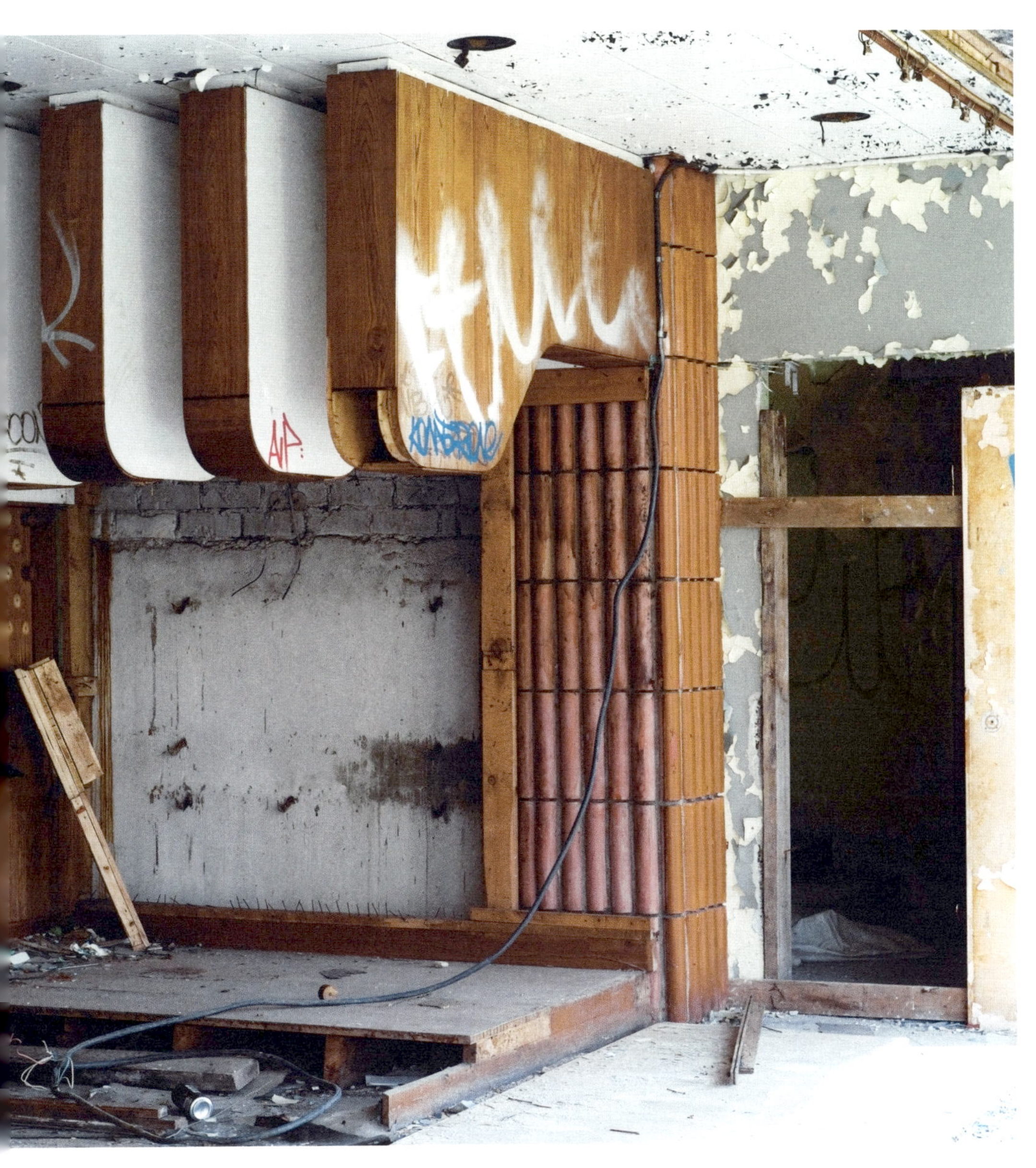

Der Wald von Rumbula

-63-

Der Wald von Rumbula

Nikolai
Geboren am 10. Dezember
1924 in der Nähe von Kiew,
Ukraine

xxx

„Der Zweite Weltkrieg war schlimm, aber der Kampf,
den ich jetzt führe, ist fast noch zermürbender:
Seit mehr als 20 Jahren streite ich mich nun schon
mit den offiziellen Stellen, dass man den russischen
Kriegsveteranen endlich die Anerkennung zollt, die
ihnen gebührt. Aber bei der Versorgung der Rote-
Armee-Soldaten herrscht weiterhin eine Zweiklassen-
gesellschaft: Ein ehemaliger Offizier bekommt vom
russischen Staat eine großzügige Veteranenrente,
ein einfacher Soldat bekommt nichts.[1]

Wir sind zu alt, um es im Kampf für unsere Sache
mit dem Rest der Welt aufzunehmen. Jeder weiß das.“

xxx

„Ich habe nur deshalb die russische Staatsbürger-
schaft angenommen, weil ich dann zusätzlich zu
meiner normalen lettischen Altersrente russische
Invalidenrente beziehen kann. Offiziell bin ich
also Russe, aber Lettland ist und bleibt meine
Heimat.“

xxx

„Zum 60. Jahrestag des Großen Vaterländischen Krieges
brachte mir eine Jugendorganisation eine Pralinen-
schachtel im Wert von 20 Lats vorbei. Meine Frau,eine
ehemalige russische Partisanenkämpferin, ging leer
aus. Ich habe bei der Organisation angerufen und mich
beschwert: ‚Entweder Ihr schenkt allen Veteranen
Pralinen oder keinem!‘ Die haben gar nicht verstanden,
was mein Problem ist.“

----

xxx

„Ich habe jeden Zeitungsartikel über uns Veteranen
aufgehoben, der seit der Unabhängigkeit erschienen
ist. Mittlerweile habe ich zwei Koffer voll damit.
Und was haben uns diese Artikel bisher gebracht?
Rein gar nichts! Es ist zum Verzweifeln: Die Faschisten
haben wir in nur vier Jahren besiegt, die Bürokratie
bis heute nicht!"

xxx

„Viele Soldaten in der Lettischen Legion waren
erst 17 oder 18 Jahre alt. Wie soll so jemand bitte
Faschist sein? Du hattest im Krieg doch keine Wahl:
Jeder wurde dort eingezogen, wo er sich zufällig
gerade befand. Die heutige Situation zwischen Letten
und Russen wird doch absichtlich politisch aufgeheizt!
Die benutzen uns Veteranen bloß als Vorwand um ihre
eigenen Interessen geltend machen zu können."

----

[1] Stand 2011

Krišjānis
Geboren am 27. Mai
1925 in Saulkrasti, Lettland

xxx

„Meine Eltern waren sehr unglücklich, als ich
in den Krieg ging. Meine Mutter begleitete mich
bis zur Einfahrt, bekreuzigte sich und gab mir
einen Brief mit. Sie sagte, er enthalte Worte aus
der Bibel und ich solle ihn immer bei mir tragen
und niemals öffnen, denn das bringe Unglück.
Als ich später in russische Gefangenschaft geriet,
hat man mir den Brief weggenommen und vor meinen
Augen zerrissen. Ich habe nie erfahren, was drin
stand."

xxx

„Mein Vater weigerte sich, mir Lebewohl zu sagen,
und blieb im Haus. Er war wütend, dass er nach
meinen zwei älteren Brüdern nun auch mich an den
Krieg verlieren sollte. An diesem Tag beschloss
er, sich erst dann wieder zu rasieren, wenn seine
drei Söhne alle heil von der Front zurückgekehrt
waren. Er ist mit Bart gestorben."

xxx

„Ich gehörte zu denen, die sich freiwillig gemeldet
haben. Ich weiß nicht, ob ich damals ernsthaft geglaubt
habe, die Deutschen hätten ehrenwerte Absichten und
wollten Lettlands Unabhängigkeit bewahren. Es war
mir ehrlich gesagt egal. Ich habe es einfach als meine
Pflicht empfunden, mein Vaterland gegen die einmar-
schierende Sowjetunion zu verteidigen. Nur deshalb
bin ich zur Lettischen Legion gegangen: weil ich
Patriot war. Ich bin es noch heute."

xxx

„Unter sowjetischer Besatzung galt Lettisch
plötzlich als Hundesprache. Mittlerweile dürfen
wir es zwar wieder sprechen, aber die Sowjets
haben dafür gesorgt, dass die Hälfte der lettischen
Bevölkerung heute russische Wurzeln hat.“

xxx

„Den Kummer, den der Krieg uns Letten gebracht
hat, kann man nicht aus dem Bewusstsein streichen.
Der bleibt immer präsent.“

xxx

„Das Problem ist: Viele Leute verwechseln die
Begriffe national und nazistisch. Ein Nationalist
ist stolz auf seine Nation und seine Nationalität.
Ein Nationalsozialist missbraucht diesen Stolz für
seine rechtsextremistische Ideologie. Ich betrachte
mich als Nationalist. Was ist falsch daran, seine
Heimat zu lieben? Wer heute behauptet, dass wir
lettischen Veteranen unverbesserliche Nazis sind,
der will bloß Hass schüren zwischen den russisch-
stämmigen und lettischen Einwohnern Lettlands.“

Michail
Geboren am 10. Dezember
1925 in Poltava, Ukraine

xxx

„Mein Vater war Parteigenosse und stolzer Patriot.
Ich könnte jetzt sagen, dass ich ihm damit gefallen
wollte. Dass ich ein ebenso glühender Patriot war
wie er. Aber die Wahrheit ist: Ich habe mich freiwillig
gemeldet, weil ich jung und dumm war. Und weil die
anderen in meinem Ater es auch so gemacht haben.“

xxx

„Ob ich viel darüber nachgedacht habe, was ich
da tue? Dass ich Menschen töte? Wissen Sie: Im Krieg
über so etwas nachzudenken, wäre Luxus. Sie sind
viel zu sehr mit dem eigenen Überleben beschäftigt.
Klar verspürt man als Soldat an der Front ungeheuren
Druck. Kein Mensch ist gleichgültig. Nach ein paar
Wochen, ich würde sogar sagen: nach ein paar Tagen,
fühlte sich der Krieg gar nicht mehr so schlimm an.
Es ist erschreckend, wie schnell der Mensch in der
Lage ist abzustumpfen.“

xxx

„Am 9. Mai 1945 rannte ich wie ein Besessener raus
aufs Feld, machte Freudensprünge und schrie ‚Hurra!‘.
Erst als ich das leise Klicken hörte, bemerkte ich
die Mine im hohen Gras. Im Krankenhaus nahm man
mir das rechte Bein ab.“

xxx

„Ich erinnere mich, dass es ganz in der Nähe der
Wohnung meiner Tante ein Heim für Invaliden des
Zweiten Weltkriegs gab. Offiziell hieß das natürlich
nicht so, wir waren ja als Sieger aus dem Krieg
hervorgegangen, da passten Schwerverwundete
in den eigenen Reihen einfach nicht ins Bild.“

----

xxx

„Vor einem Jahr bin ich hingefallen beim Versuch,
alleine aufs Klo zu gehen. Ich lag da wie ein
Mehlsack, und meine Frau schaffte es nicht, mich
hochzuheben. Schließlich ist sie runter auf die
Straße gelaufen und hat Passanten um Hilfe gebeten.
Sie hat gefleht und gebettelt. Aber erst, als sie
Geld dafür geboten hat, dass sie einem alten Mann
wieder aufhelfen, haben sich zwei Männer gefunden.“

xxx

„Ich habe lettische und russische Verwandte. Ich
fühle mich deshalb weder als Ukrainer noch als
Russe oder Lette, sondern in erster Linie als Mensch.
Und als solcher möchte ich auch behandelt werden.
Für die hiesigen Beamten bin ich jedoch ein Staaten-
loser, so haben sie es in meinem Pass vermerkt.
Und das nur, weil ich nicht ausreichend Lettisch
kann. Bis 1991 war Russisch die offizielle
Landessprache. Ich finde, von einem alten Menschen
man kann nicht verlangen, dass er auf die alten
Tage noch perfekt eine Fremdsprache erlernt.“

Valdis
Geboren am 2. Februar
1923 in Rūņi, Lettland

xxx

„Die schönste Zeit in meinem Leben war eindeutig
meine Kindheit. Danach kam lange nichts. Erst
mit dem Ende der russischen Gefangenschaft wurde
mein Leben allmählich wieder besser."

xxx

„Als 20-Jähriger meldete ich mich für den Reichsar-
beitsdienst. Der galt als Zulassungsvoraussetzung
für das Hochschulstudium. Aber schon damals war
klar, dass ich um den Kriegsdienst nicht herum kam.

Bei der Grundausbildung in Flensburg waren zur
Hälfte Letten und zur anderen Hälfte Deutsche.
Den Umgang miteinander würde ich als freundlich
distanziert beschreiben. Jede Gruppe ist lieber
unter sich geblieben.

‚Aufstehen! Hinlegen! Angriff! Rückzug!'.
Die Bedeutung dieser deutschen Worte hatten wir
schnell verinnerlicht."

xxx

„Was blieb uns anderes übrig, als uns auf die Seite
derjenigen zu schlagen, die uns bis dato weniger
Schaden zugefügt hatten? Ehe die Sowjetunion in unser
Land einmarschiert ist, hatten wir zu den hier
lebenden Russen ein sehr gutes Verhältnis, sogar ein
besseres als zu den Deutschen. Aber als die Russen
1940 damit begannen, unsere intellektuellen Köpfe nach
Sibirien zu deportieren, war es damit vorbei. Ab diesem
Zeitpunkt ging es nur noch darum, zu verhindern,
dass die Rote Armee unser Land besetzt."

----

xxx

„Offenbar waren die Bahngleise nach Sibirien mit
Gefangenentransporten so überlastet, dass man für
uns umplanen musste. So landete ich nur 40 Kilometer
südlich von Moskau im Kriegsgefangenenlager.“

xxx

„Es gibt nichts Schöneres, als das Meer zu betrachten.
Wissen Sie warum? Weil es je nach Tageslicht und
-zeit ganz anders aussieht. Nichts bleibt gleich,
alles wandelt sich. Und wenn man nur oft und lange
genug hinschaut, verändert sich auch der eigene Blick
auf die Dinge.“

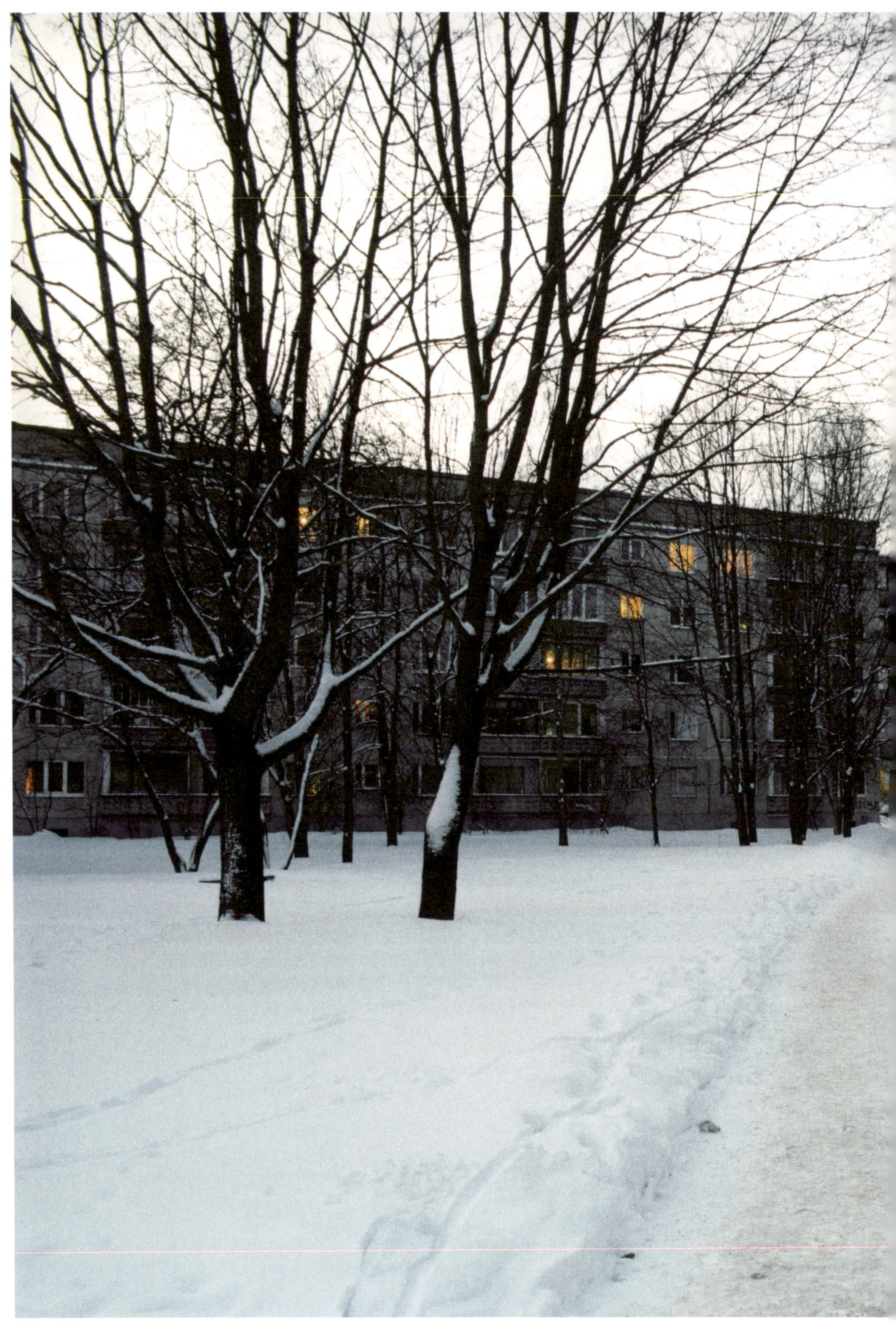

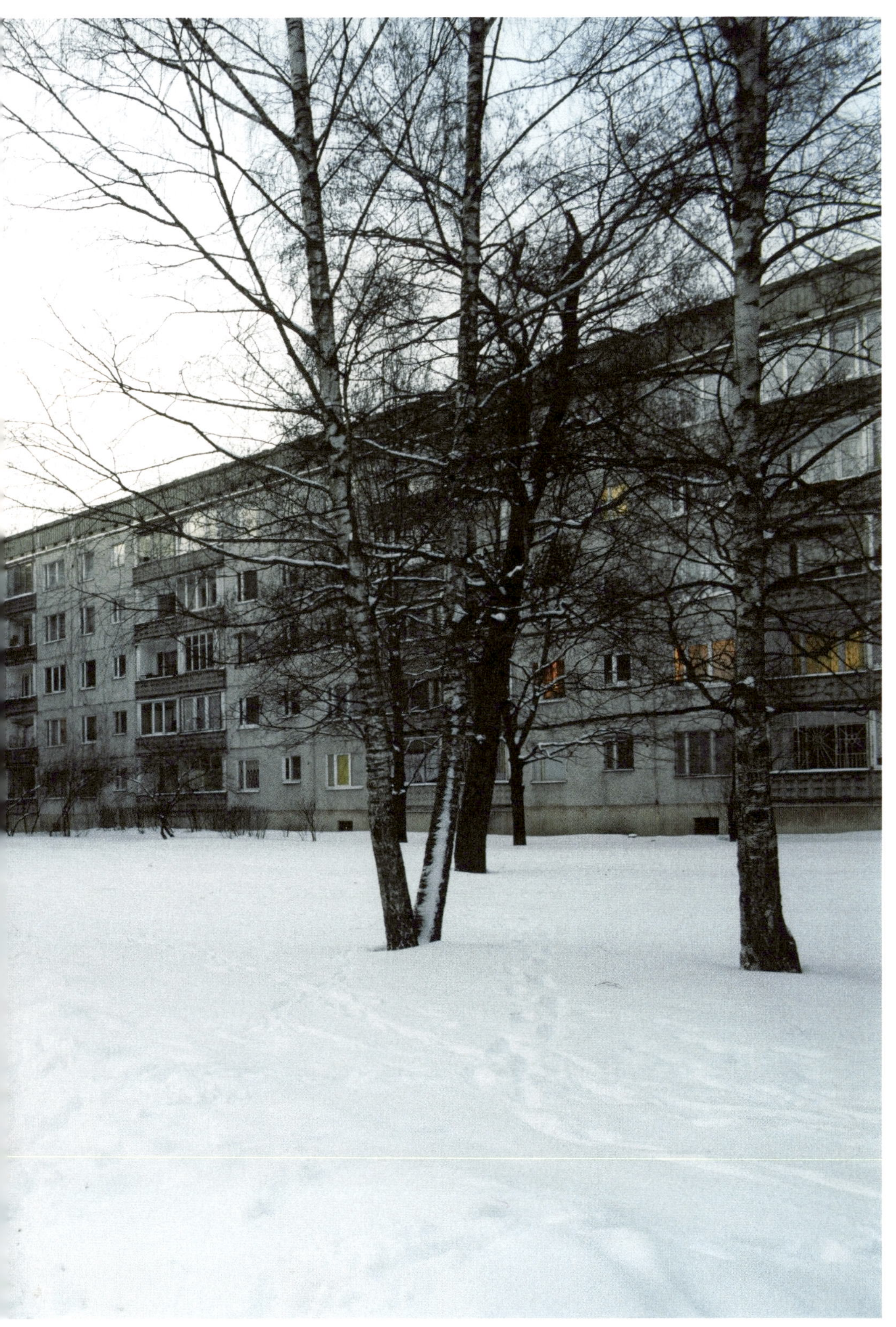

Anastasia Khoroshilova

Geboren in 1978 in Moskau, studierte Fotografie
an der Universität Duisburg-Essen (Folkwang
Universität der Künste). Ihre Arbeiten wurden
in zahlreichen Gruppen- und Einzelausstellungen
präsentiert, so auch auf der 54. Biennale
di Venezia (2011). Neben der eigenen künstlerischen
Tätigkeit ist sie als Dozentin an der Rodchenko
Moscow School of Photography and Multimedia
in Moskau tätig.

Auszeichnungen und Stipendien

2010
Ellen-Auerbach-Stipendium
der Akademie der Künste,
Berlin

2007
International Photography Research
Network (IPRN), Changing Faces Commission,
Faculty of Creative and Performing Arts,
Leiden University/Paradox,
Niederlande

Einzelausstellungen (Auswahl)

2014
Starie Novosti (Old News), Maison
Européenne de la Photographie,
Paris

2012
Starie Novosti (Old News),
Kunsthaus Baselland, Muttenz,
Schweiz

2011
Starie Novosti (Old News),
anlässlich der 54. Biennale di Venezia,
Biblioteca Zenobiana del Temanza,
Venedig

Gruppenausstellungen (Auswahl)

2014
Heimat? Osteuropa in der zeitgenössischen Fotografie,
Kunstforum Ostdeutsche Galerie Regensburg

2013
Points on the Map. The Representation
of Conflict in Cultural Space,
First Beijing Photo Biennale, Beijing World
Art Museum, Peking

Destination Karelia,
Begleitprogramm zur Fifth Moscow Biennale
of Contemporary Art, Cultural Centre ZIL, Moskau

Drifting, Haus der Kulturen der Welt, Berlin

2012
Behind Landscape / Hinter der Landschaft,
H2-Zentrum für Gegenwartskunst im Glaspalast,
Augsburg

Under a Tinsel Sun,
Third Moscow International Biennale for Young Art,
Moskau

The World in London,
ein Projekt von The Photographers' Gallery, London

Annabel von Gemmingen

Geboren 1979 in Düsseldorf, lebt als freie Journalistin
und Autorin in Berlin. Der Schwerpunkt ihrer Arbeit
liegt auf Sozial- und Gesellschaftsthemen in Form
von Reportagen und Porträts. Ihr journalistisches
Handwerk eignete sich von Gemmingen während ihres
Studiums der Politikwissenschaft in Berlin an, wo
sie längere Zeit beim *Tagesspiegel* hospitierte und
in das Förderprogramm „Inside Media" der Verlagsgruppe
Holtzbrinck aufgenommen wurde. Vertiefend folgte
eine zweijährige Journalistenausbildung an der Hamburg
Media School, begleitet von weiteren Hospitanzen
(Deutsche Welle TV, Spiegel Online und *Stern*).
Veröffentlichungen im Print-, Online- und
Fernsehbereich.

Anne Maier

Geboren und aufgewachsen in der Schweiz, ist Kunstpublizistin und lebt in Berlin. Nach einem Studium
der Politischen Wissenschaften in Paris und München
arbeitet sie seit 1991 als Kunstpublizistin und
Autorin für Zeitungen, Kunstzeitschriften und Hörfunk.
Seit ihrem Umzug von München nach Berlin 2002 liegt
ihr Fokus auf der Förderung zeitgenössischer Kunst,
besonders Fotografie und Video. Ihre Arbeit als
Kuratorin umfasst Ausstellungen und Präsentationen
neuer Strömungen und Entdeckungen der jungen Kunst
des Mittleren Ostens, Chinas und Osteuropas.

2003-2008 verantwortlich für PR- und Öffentlichkeits-
arbeit beim Art Forum Berlin – Internationale Messe
für Gegenwartskunst und bei den Ausstellungen der
European Art Projects, Berlin, wie *Ideal City –
Invisible Cities* (2006, Zamość, Polen, und Potsdam)
oder *Megastructure Reloaded* (2008, Berlin). Seit 2009
Pressereferentin am Haus der Kulturen der Welt in
Berlin.

Übersetzungen: Deutsch/Russisch: Sergej Romashko,
Deutsch/Englisch: Brian Currid, Deutsch/Lettisch:
Sergej Moreino, Russisch/Deutsch: Dagmar Kassek,
Russisch/Englisch: John C. Q. Roberts

Lektorat: Dagmar Lutz, Sergej Moreino, Sergej Romashko

Grafische Gestaltung: Hermann Hülsenberg Studio,
Niklas Sagebiel

Schrift: Typewriter, Elementa Pro

Verlagsherstellung: Anja Wolsfeld

Papier: Tauro Offset, 80 g/m² und 150 g/m²

Reproduktionen und Gesamtherstellung:
DZA Druckerei zu Altenburg GmbH, Altenburg

© 2015 Hatje Cantz Verlag, Ostfildern;
und Autoren
© 2015 für die abgebildeten Werke von
Anastasia Khoroshilova: die Künstlerin

Alle Bilder und Texte sind zwischen 2011
und 2014 entstanden

Umschlagabbildung: *Untitled*, aus der Serie *Die Übrigen*

Erschienen im
Hatje Cantz Verlag
Zeppelinstraße 32
73760 Ostfildern
Deutschland
Tel. +49 711 4405-200
Fax +49 711 4405-220
www.hatjecantz.de
Ein Unternehmen der Ganske Verlagsgruppe

ISBN 978-3-7757-3934-4

Printed in Germany

DANK

Unser Dank gilt vor allem den Protagonisten unseres
Buches, ihren Erinnerungen und ihrer Bereitschaft,
uns an einem Teil ihres Lebens teilhaben zu lassen.
Wir danken Ruta Karlovna Ozolinja dafür, dass sie
uns Türen geöffnet hat und Arnis Balcus für seine
Kontakte. Wir danken Miks und Mudite, die uns geholfen
haben, Sprachbarrieren zu überwinden, und Sascha,
der mit uns durch Lettland gefahren ist. Ebenfalls
danken wir Andreas Fülberth für seinen kritischen
Blick und Valerie Smith, die einen ersten Teil
von *Die Übrigen* im Haus der Kulturen der Welt in
Berlin vorgestellt hatte, sowie Cristina Steingräber
und Nadine Barth für ihr Vertrauen. Wir danken
unseren Übersetzern Dagmar Kassek, Sergej Romashko,
Sergej Moreino, Brian Currid und John C. Q. Roberts,
dem Team des Hatje Cantz Verlags und unserem
inspirierenden Grafikteam Hermann Hülsenberg und
Niklas Sagebiel. Wir danken all denen, die ungenannt
bleiben, für ihren langen Atem und ihre Geduld.

Die Übrigen

Перевод с немецкого

Die Übrigen

Перевод с немецкого

Анне Майер

Латвия – страна поразительной красоты, земля,
наполненная воспоминаниями, добрыми и худыми.
В пространстве меж кромкой Балтийского моря
и российскими лесами оставили свой след латыши,
немцы, русские, евреи и другие населяющие
побережье народы.

Анастасия Хорошилова и Аннабель фон Гемминген
решили теперь, через 25 лет после падения
Берлинской стены и распада Советского Союза,
исследовать, насколько по-разному преломляются
воспоминания в жизни людей. Они собрались
взглянуть на историю с двух противоположных
сторон, постоянно меняя исходную точку и ракурс –
так, чтобы прийти к максимально объективному
видению и прочтению ситуации. Латвия с ее историей
представлялась им интересным и многообещающим
пространством поиска. Неожиданно и, можно сказать
по ходу путешествия, авторы сами стали частью
художественного процесса, их личная история
смешалась с историческими судьбами страны.

В детстве Анастасия Хорошилова вместе со своими
родителями проводила каникулы в Юрмале, на
популярном среди русских семей из больших
городов курорте на Рижском взморье. Это были
дни безмятежной радости, яркой, словно сияющая
вплоть до самого горизонта морская даль, время
юношеской беззаботности и веселья.

Аннабель фон Гемминген никогда не задумывалась
о Латвии, стране, в чьей истории не одни только
немцы оставили по себе самую разную память
между небом и пеклом. Как и во многих семьях
Германии, в ее семье были павшие и пропавшие
без вести на Второй мировой войне. Оставшиеся
неизвестными.

Латышские и русские ветераны, старики с тяжелым
и неспешным шагом, чья осанка по сей день выдает

привычку стоять в строю. Если отмеченные высшими
наградами ветераны Красной армии пользовались
почетом, как герои, то латышские ветераны,
воевавшие – кто добровольно, а кто и против воли,–
на стороне немцев, были реликтами давно минувшего
прошлого.

Времена меняются. Латвия обрела в 1991 году
снова независимость. Советские войска покинули
страну. Остались ветеранские кители, наброшенные
на спинки стульев. Уже давно латышские ветераны
в исторической перспективе поменялись местами
с ветеранами Красной армии. Две стороны одной
медали. Одни тихо и благоговейно предаются
воспоминаниям под сенью кладбищенских деревьев
в Лестене, другие участвуют, как и прежде,
в торжественных шествиях, забытые в городах.
Жизнь продолжается.

Новые времена с их вывернутыми наизнанку
ориентирами могут сбить с толку многих, но
не тех, кто встречался на поле боя и знает,
что когда смолкают орудия, начинает действовать
сила примирения. Дорога к нему может быть
долгой, но не бесконечной. Белым пятном в нашей
книге остаётся судьба многих убитых евреев
Латвии и Европы. Память о них живёт вместе
с памятью о других жертвах.

Анастасия отыскала место своего детства: дом
отдыха, чья опустелая, заросшая территория
вновь становиться частью природы. Место, где
погиб дед Аннабель, до сих пор неизвестно.

На подлете к латвийскому берегу сквозь маленькие
иллюминаторы турбовинтового самолета можно было
разглядеть льдины, плывущие по балтийскому морю.
Что ж, по крайней мере теперь ясно: поездка по
Латвии вряд ли получится приятно непринужденной.
Однако менять планы было уже слишком поздно.

О чем мы только думали, выбрав именно февраль
для нашей первой экспедиции? Да к тому же в
страну, с которой Настю связывали лишь далекие
детские воспоминания, а меня… так вообще ничего.
Разумеется, я знала, что в этих местах между
немцами и русскими во время Второй мировой войны
шли ожесточенные бои, в которых погиб и мой
дед. И я знала, что Советский Союз почти сразу
после начала Второй мировой поглотил Латвию.
Но одно дело – знать что-то, совсем другое – заниматься
осмыслением этого. Я могла бы сказать, что еще
до нашей поездки много размышляла о Латвии и
ее жителях. Но это неправда. Латвия не играла в
моей жизни сколько-нибудь заметнойроли. До этого
момента.

Еще осенью 2010 года Настя спросила меня, не хотела
бы я сделать с ней книгу о живущих в Латвии
ветеранах Второй мировой войны. Тогда я впервые
услышала о проживающих в стране 300 000 человек
без гражданства. Эти так называемые «неграждане»
хотя и наделелены правом постоянного проживания,
но лишены прав граждан, то есть и возможности
участия в выборах. Настя рассказала, что среди
этих людей очень много ветеранов, воевавших
в Красной армии во время Второй мировой, и что
после провозглашения независимости Латвии им
приходится жить в нищете, порой в не достойных
человека условиях. Их судьбам и должна была быть
посвящена наша книга. Но, едва мы начали наши
изыскания и ближе познакомились с драматической
судьбой страны и её жителями, стало ясно:
невозможно говорить в книге только о русских

ветеранах, не думая при этом о ветеранах
латышских. Особенность участия Латвии во Второй
мировой войне как раз в том и заключалась, что
ее народ был принужден воевать против себя
самого: и Красная армия, и Вермахт призывали
латышей на службу для военных действий в
Восточной Европе. Как следствие, в Латвии нет
просто ветеранов войны. А есть ветераны Красной
армии, ветераны латышских дивизий СС, подчинявшихся
германскому командованию, а также ветераны разных
партизанских объединений, например, «лесные братья».

И тогда мы решили, что наша книга будет о всех
ветеранах, не важно, кем они себя сегодня считают:
латышами, русскими или же людьми без гражданства.
В самом деле, несмотря на их столь различные,
неповторимые судьбы, есть один объединяющий
их всех момент,– они реликты периода раскола
латвийского общества, о котором теперь в мирное
и обращенное к одному лишь будущему время хотят
забыть как можно скорее. Коллективная память
призывает их только тогда, когда этого требуют
политические интересы русских или латышей.

Разумеется, мы понимали, что попытка взвешенного
и всестороннего отражения драматической
истории Латвии через судьбы её ветеранов Второй
мировой обречена на провал. Потому мы даже и
не пытались этого сделать. Наш план был иным:
проехать по стране с латышским переводчиком и
русским водителем, побывать на местах решающих
боев, посетить основные военные памятники и
встретиться с как можно большим числом ветеранов
Второй мировой войны, чтобы обсудить с ними их
прошлое и настоящее. А потом, с багажом всех
этих впечатлений, вернуться в Германию и
превратить их в книгу: в непричесанное, разрозненное
собрание собственных и чужих воспоминаний о
стране, которая за три наших поездки в равной
степени сделалась близкой и осталась чужой.

Если в Латвии мы что-то и приобрели, так
это понимание того, что единого, подлинного
воспоминания о Второй мировой войне не

существует, как не существует и «единого»
свидетеля тех времен. Вместо этого есть множество
крохотных правдивых историй, которые вместе,
в лучшем случае, образуют мозаику воспоминаний,
но никогда не смогут дать полную картину той
войны. Слишком сложны многоголосие и разноголосица
исторической, коллективной и индивидуальной
памяти. Воспоминания ведь сугубо субъективны.
В том числе и у нас, русской и немки, фотографа
и журналистки.

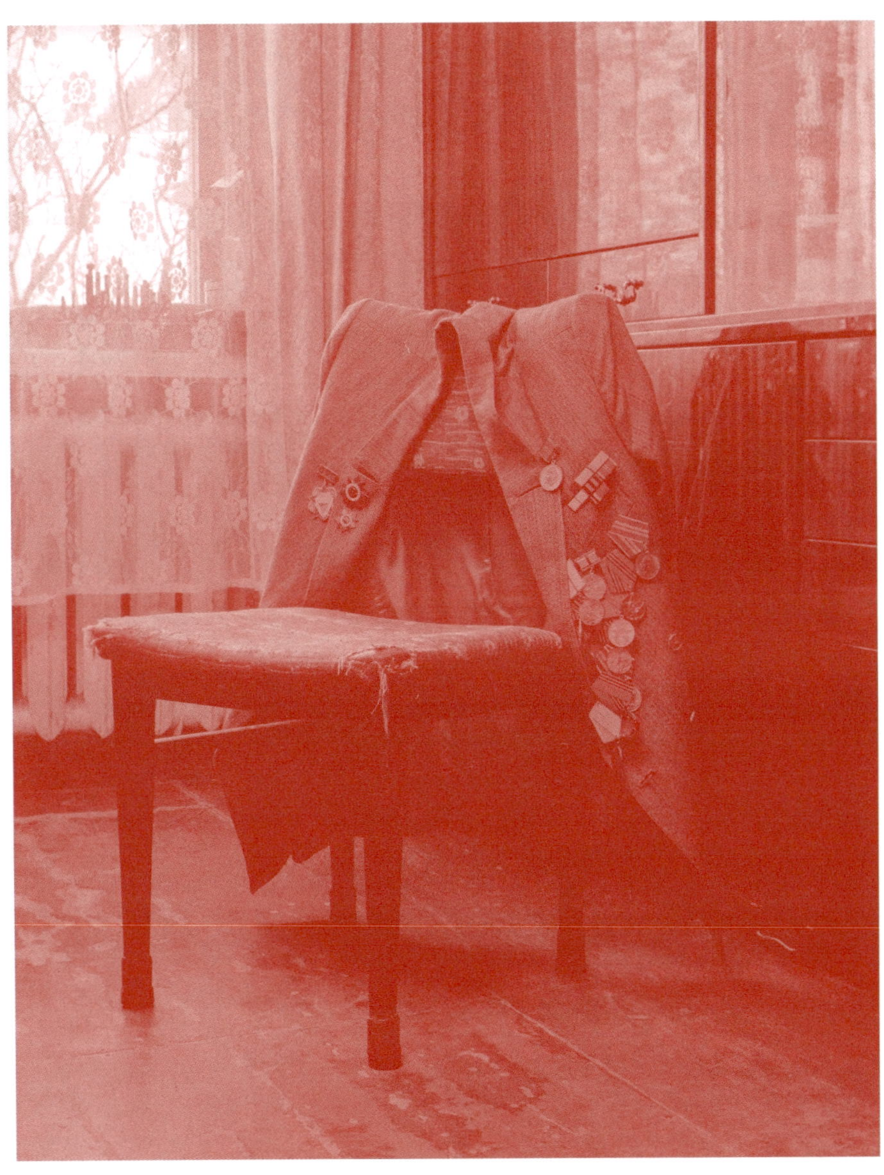

Каждый день мы встречаемся с двумя ветеранами:
с одним в первой половине дня, с другим во второй.
Так было запланировано. И поначалу казалось вполне
вероятным, что этот амбициозный замысел будет
реализован: уже в первый день нашей работы в Риге
календарь был заполнен встречами, намеченными
на ближайшие дни.

Так думали мы в понедельник. А сегодня среда, и наша
первоначальная эйфория уступает место отрезвлению:
половина намеченных участников интервью отпала.

Сегодня мы полчаса простояли при пятнадцатиградусном
морозе перед дверью бывшего советского офицера,
который обещал нам рассказать о себе и о войне.
Была договоренность о встрече, и мы пришли.
Несколько раз звонили в дверь — он не открывал, и
мы звонили еще, дольше, настойчивей. Мы отчетливо
видели в окне его квартиры на втором этаже чье-
то лицо, прячущееся за кружевными занавесками.
Все бесполезно. Двери человека, который еще два
дня назад по телефону столь дружелюбно соглашался
на встречу, остались для нас закрытыми.

И вот мы сидим в гостиничном номере и размышляем,
не закончилась ли наша поездка по Латвии, так и
не успев по-настоящему начаться. Что, если никто
из ветеранов не захочет говорить с нами вовсе?
И разве можно их за это упрекать? Ощущение, что
ты неверно понят, — нелегко, но еще тяжелее
чувство, что тебя вообще не понимают. Так почему
именно мы — внучки войны, немка и русская — должны
были понять ветеранов Латвии?

Дополнение, в тот же день

Только что Настя еще раз позвонила нашему офицеру.
Может быть, это просто недоразумение, и мы
неправильно записали время? Кажется, нам повезло:
после продолжительных гудков слышно, как старик
снимает трубку, и, откашлявшись, называет свое

имя. Впрочем, едва услышав на другом конце голос
Насти, смолкает и несколько секунд озадаченно
молчит. А ровно в тот момент, когда он, к нашему
удивлению, готов был назначить другое время
для встречи, его останавливает восклицание
жены, чей голос тоже доносится из трубки: «Это
журналисты? Ты что, забыл, я же сказала тебе: ты
болен!» Последнее, что слышит Настя, это щелчок
разъединения и затем короткие гудки отбоя.

Начало мая 2011

Где-то по пути между Ригой и популярным курортом
Юрмала, где и Настя ребенком проводила свои
летние каникулы, мы впервые выезжаем к морю.

Пешком направляясь вниз, к пляжу, мы минуем
человека, одетого в полную камуфляжную форму.
Он неподвижно сидит на складном стуле и
неотрывно смотрит на море в огромный бинокль.
Метрах в двухстах от него, под навесом крошечной
камуфляжной палатки, сидит на корточках другой
человек, взяв бинокль наизготовку. Это орнитологи.

Весной и осенью многие из них появляются здесь,
чтобы полюбоваться птичьим царством Латвии. Здесь
можно увидеть птиц, которые в других частях
Европы стали редкостью. Некоторые всегда здесь
жили, другие появились как перелётные птицы.

Вот и Настя тогда, когда проводила летнее
время в Юрмале, тоже была „залётной птицей“,
ребёнок это ясно чувствовал. Между латышами
и русскими отдыхающими существовала странная
дистанция, а она не понимала, почему.

Когда я собираюсь протянуть ему руку, он
приветствует меня на прекрасном немецком словами:
«Deutschland, Deutschland über alles». Веселенькое
дело, думаю я, и меня бросает в пот. При этом
я в полном недоумении: латыш, воевавший в Красной
армии, с явным удовольствием декламирует первую
строчку гимна нацистской Германии. Как прикажете
это понимать?

Наверное, вот что уже с первого взгляда очаровывает
нас в Юрисе: неординарная личность, которую так
просто не разложишь по полочкам.

xxx

Когда русские пришли в 1944 году в родную
деревню Юриса, чтобы забрать восемнадцатилетнего
парня в армию, там уже побывали немцы. Они
забрали всех мужчин, годных к службе, в том числе
и его старшего брата, Антона. Самого Юриса успел
предупредить сосед и тот скрывался где-то в лесу,
пока немцы не ушли дальше. Зато позже ему уже
не так везло, его прихватили русские. И вот они
вместе с братом остаток войны провели на враждовавших
фронтах, такой гротескный случай в истории,
для Латвии, тем не менее, довольно типичный.

Юрис совершенно не разделял коммунистических идей.
Но он твердо верил в то, что русские помогут
сохранить независимость Латвии. Ему хотелось в это
верить, говорит он сегодня. Пока он торил Красной
армии дорогу на Берлин, его старший брат Антон под
знаменами Вермахта держал оборону в Курляндском
котле. Судьба пощадила их обоих: они ни разу
не повстречались на поле боя. И оба выжили, хотя
и не без потерь. Один вернулся в Ригу слепым,
другой парализованным.

Юрис устроился работать на мебельной фабрике,
и, поскольку был мастером на все руки, соорудил
для Антона инвалидную коляску. В 24 года ему

посчастливилось встретить свою большую любовь:
латышку, воевавшую в Красной армии, как и он,
незрячую. Брак их сложился счастливо. К новым
советским условиям приспособились. Война, говорит
Юрис, воспитала его прагматиком.

Потом пришел 1991 год и люди в Риге вышли на
улицы, протестуя против советских властей:
в центре города стали появляться баррикады.
Юрис по возможности поддерживал демонстрантов,
каждодневно снабжая их едой. Потом он получил
за это орден. Красно-белый, в цвета латвийского
флага. С изображением льва.

Орден Юрис сохранил. Он лежит вместе с боевыми
наградами советских времен, в коричневой кожаной
шкатулке на верхней полке его платяного шкафа,
в самой глубине.

Февраль 2011

В самом центре Риги стоит латышский памятник
Свободы. Поставленный еще в 1935 году, сегодня,
после десятилетий советского правления, он
является для латышей важнейшим символом
государственной независимости. Каждый день к
памятнику встает почетный караул, в праздники
к нему возлагают венки и цветы.

Недалеко - рукой подать, но на левом берегу Даугавы,
стоит советский памятник Победы, ещё более высокий
и мрачноватый. Для живущих в Латвии русских это
до сих пор – символ освобождения населения Латвии
от фашизма.

Два противоположных понимания истории. Запечатленные
в камне.

ххх

Может быть, всё дело в том, что мы побывали у
обоих памятников. Во всяком случае, наш латышский

переводчик Микс и наш водитель Саша сегодня
впервые разговаривали друг с другом, пусть и
о чем-то несущественном. По-русски. Поскольку оба
всю жизнь прожили в Риге, об этом стоит упомянуть.

То, что люди родились в одной стране, еще не
означает — в случае Латвии, — что они сумеют
поговорить на одном языке: Саша русский. Он ходил
в русскую школу, у него сплошь русские друзья
и женат он на русской. С дочкой они с женой
разговаривают по-русски, у них семейное транспортное
предприятие, обслуживающее, в основном, русских
клиентов.

При этом Саша не имеет ничего против латышей.
И против Латвии тоже. Рига для него — самый лучший
город на свете. Он говорит, что ему жаль всех
тех, кто живёт не здесь.

Саша никогда не считал нужным учить латышский.
Да и зачем? Русскоязычных в Риге около 42
процентов. В большинстве киосков полно русских
газет. А из-за своего советского прошлого многие
латыши довольно неплохо знают русский.

А Микс? Для него нет ничего удивительного в
том, что к нему в его родной стране обращаются
по-русски. Привык, утверждает он. И все же в
общении с Настей он предпочитает немецкий.

8 мая 2011

Кладбище выглядит ухоженным. Четырехугольники
надгробных плит лежат на одинаковом расстоянии
друг от друга, узкие полоски газона между рядами
могил аккуратно прополоты и подстрижены. Кое-
где на могилах — цветы. Ветераны с трудом шагают
вдоль могил, опираясь — кто на родственников, кто
на палку, — а взгляды их беспокойно перебегают
от надписи к надписи. Вдруг попадется кто-нибудь,
кого они знали. Однако вместо имени на многих

плитах лишь надпись: «Неизвестный». Ветераны
медленно подтягиваются к специальному помосту,
на котором вот-вот начнется церемония поминовения.
Там они по-стариковски осторожно рассаживаются
на заранее приготовленных длинных скамейках.

xxx

Звучат духовые и на территорию кладбища торжественно
вступают известные политики и представители
союзов ветеранов. У монумента павшим солдатам они
возлагают венки, а затем по очереди произносят
речи. Начинает председатель объединения ветеранов-
партизан. Он уже стар, говорит с трудом. «Я надеюсь,
что те места, где пали наши солдаты, не станут
частью политических спекуляций», – завершает он
свое выступление. Затем раздается артиллерийский
салют и звучит национальный гимн: «Боже, благослови
Латвию, наше дорогое отечество…» Все подтягивают.

xxx

На трибуну поднимается министр обороны Латвии.
Он вспоминает 80 000 латвийских солдат, погибших
на войне, половина из которых носила советскую
форму. Это, по его словам, просто несправедливо,
что две сверхдержавы вовлекли Латвию в войну,
а после, видимо, даже не сочли нужным здесь и
сейчас, 8 мая, посетить могилы павших латышских
солдат и выразить тем самым свое участие.

xxx

Пастор освящает две мемориальные плиты, на которых
значатся новые имена павших, в дополнение к уже
увековеченным. «Они погибли в любви Христовой», –
произносит он. Затем указывает на дуб, поврежденный
во время боев, и завершает службу словами: «Наш
народ подобен этому дубу: он изранен, но выжил».

xxx

После службы люди заполняют расположенное поблизости
место, бывшее некогда полем боя. В тени старых

деревьев они расстилают одеяла и скатерти для
пикника, хлебают гороховый суп из пластиковых
мисок и беседуют. Настроение непринуждённое.
Разговор идёт обо всём. Только вот о войне не очень.

9 мая 2011

Мы стоим у подножья советского памятника Победы
и смотрим на море людей, благоговейно возлагающих
к монументу цветы и поедающих при этом сахарную
вату. И я надеюсь, что никто не догадывается о моем —
единственной, я полагаю, здесь немки — присутствии.
Никак не могу отделаться от ощущения, что наблюдаю
за слишком интимным переживанием тысяч русских.

При этом отмечаемый в Риге праздник дня Победы —
событие более чем публичное: рижская пресса
представлена практически целиком, как пророссийские
издания, так и критически настроенные. А с помощью
огромных телеэкранов на площадь транслируется
проходящий в это время в Москве военный парад.
Буквально рядом с нами — крытая сцена, на которой
русскоязычные артисты разных жанров подогревают
настроение жаждущих развлечения гостей, пока
к микрофону не выйдут прорусские политики и
представители ветеранских объединений и боевитыми
голосами не подчеркнут историческое значение
советской победы над национал-социализмом.

Кому надоели речи и представления, тот идет,
куда глядят глаза: для детей имеются воздушные
шары, для взрослых — значки, для всех и каждого —
палатки с едой. А еще киоски и информационные
стенды, где можно поучаствовать в розыгрыше книг
о подвигах советских людей на Второй мировой
войне, подивиться старому оружию или просто
пожертвовать деньги на поиски и перезахоронение
останков павших русских солдат. Так что празднество
гарантированно продолжится до позднего вечера.

ххх

Среди нескончаемого потока вновь прибывающих
гостей, – подобно музейным экспонатам окруженные
любопытными, – стоят русские ветераны войны.
Выглядят по-праздничному, надели свою старую
военную форму, на груди высокие награды. Указывая
на одного из них, – на чьей груди особенно много
орденов и медалей, а глаза прикрыты зеркальными
солнечными очками, – мама растолковывает своей
маленькой дочке: «Посмотри, он воевал за тебя
на Великой Отечественной войне». Девочка понимающе
кивает и несмело протягивает ветерану красный
тюльпан. Старик с улыбкой наклоняется, принимая
от девочки цветок и легкий поцелуй в щеку.
Выпрямившись, он тут же откладывает тюльпан
в сторону, к другим, полученным за день. Чтобы
принимать следующие поздравления, его руки
должны быть свободны.

Люди то и дело останавливаются обнимают кого-то
из ветеранов, фотографируются на память. Заметно,
что старики утомлены этим людским водоворотом.
Однако эмоция, сфокусированная с необычайной силой,
действует на старые солдатские души словно
бальзам, и они благодарно принимают знаки внимания.

На один этот день русские ветераны становятся
кем-то вроде поп-звезд.

Май 2011

Солнце светит. Однако с моря дует холодный ветер,
поэтому рыбаки на пирсе в нескольких сотнях метров
от нас натянули теплые шапки и куртки. По пути
сюда мы ощущали спиной их любопытные взгляды. Мы
выделяемся, как могут выделяться только люди пришлые.
С первой же секунды мы разоблачены как туристы,
охотники порыться в чужом прошлом. Как любопытные
визитеры, воспринимающие остатки прежних советских
укреплений как ужасные и в то же время завораживающие
чужеродные вкрапления посреди чудесной природы – и в
то же время не замечающие, что сами они в этом месте
кажутся куда как более чужеродными.

Нам и в самом деле трудно себе представить, – пока мы с любопытством карабкаемся по разрушенным укреплениям, – каково это: ежедневно быть окруженным угрожающе-мрачными декорациями бывшей военно-морской базы. Однако здешние жители явно привыкли к виду разрушенных укреплений, так что их отношение к руинам значительно трезвее и, может быть, даже естественнее нашего. Тому, кто в силу нехватки денег на супермаркет отправляется на поиски рыбацкого счастья с самодельной удочкой из палки и шпагата, военно-историческое и политическое измерение разваливающихся в воде бетонных блоков совершенно безразлично. У нас же при виде старых военных укреплений в Каросте перехватывает дыхание.

Кто знает, спустя века люди, возможно, будут искренне рады тому, что эти «памятники культуры» пережили свое время. Так же, как мы сегодня радуемся каждой, даже самой незначительной археологической находке из Древней Греции.

Апрель 2012

Сегодня мы побывали на нескольких солдатских кладбищах. Их множество по всей Курляндии. Если, набравшись терпения, просто ехать по дороге, рано или поздно наткнешься на соответствующий указатель. Есть кладбища погибших солдат Латвийского добровольческого легиона СС, есть кладбища солдат Красной Армии, есть кладбища солдат Вермахта, но нет кладбищ, на которых были бы погребены все они вместе. Нам, во всяком случае, такое не попалось. Кстати, Микс тоже не смог ничего припомнить. Еще в Германии Настя и я много спорили, можно ли вот так запросто соединить латышских и русских ветеранов в одной книге. Справедливо ли это по отношению к ним? Для Насти вопрос в первую очередь стоял так: будет ли это справедливо по отношению к русским? В конце концов, они освободили мир от национал-социализма. Разумеется, она права. Но точно так же можно было бы возразить: а справедливо

ли по отношению к латышам упоминать их вместе
с позднейшими угнетателями — русскими — в
общем контексте? Это старый, неразрешимый спор,
его ведут и русские, и латыши, и бремя его
лежит, в конечном счете на плечах ветеранов.

Апрель 2012

Кароста. В нашем немецком путеводителе эта часть
Лиепаи, прежде бывшая отдельным военным городком,
именуется «будущим районом для креативных людей».
Но этого будущего не видно даже на горизонте.
В Каросте штиль. Пугающе полный.

Когда мы медленно пробираемся по улицам, мимо
заброшенных, поросших бурьяном пустырей, мимо
разрушающихся фасадов панельных домов с выбитыми
стеклами, а вокруг ни души, я вдруг вспоминаю
дурной фильм-катастрофу: мы в разрушенном городе,
над нами распахнутое небо, а мы единственные
выжившие. Абсурдная, совершенно неуместная мысль…

Не столько само место, сколько гнетущее настроение,
которое в нем царит, пробуждает во мне эту
эксцентричную ассоциацию. Как если бы время здесь
остановилось в самый неблагоприятный момент, —
непосредственно между крахом минувшего и началом
новой жизни — так, что здешние жители зависли
в своего рода зоне ожидания.

xxx

Идем по заброшенному военному городку: скопище
ободранных, убогих панельных построек, лишившихся,
собственно, и дверей с окнами. Изначально белые
фасады пожелтели, заляпаны граффити. В стоящих
настежь парадных — мусор. Когда мы осторожно
входим в один из подъездов, в нос ударяет запах
мочи и крысиного помета.

Пара русских мальчишек навстречу нам. Один из них
внезапно кричит: «Пизда!» — и смотрит при этом

в нашу сторону. Оба покатываются со смеху. В стороне
от дороги группа подростков пытается зажечь пень.
А всего в нескольких метрах на скамейке сидит
человек, посасывает бутылочку и не обращает на
происходящее ни малейшего внимания.

Раньше, еще в начале двадцатого века, Кароста была
роскошным местом: возникшее по указу Александра
III армейское поселение с военно-морским портом,
высоким уровнем жизни и современнейшей на тот момент
инфраструктурой, доступ в которое для гражданских
был закрыт. Сегодня золотые купола Николаевского
Кафедрального собора – это единственное, что тут все
еще блестит. Кароста опустилась до состояния
города-призрака. После обретения Латвией независимости
и вывода примерно 20 000 советских военных около
трети как старинных, так и панельных домов пустует.
А потомки прежде столь привилегированных советских
военных предоставлены сами себе.

Ich bin in Lettland. Ich gehe die Hauptstraße von Jūrmala entlang, die Jomas iela, und biege in die Turaidas
iela ein. Vor mir liegen unbekannte Häuser, Cafés und
Läden, dann kommt das Meer.

Mir ist, als sähe ich diese Stadt zum ersten Mal; ich
betrachte sie mit der Neugier eines Reisenden, der an
einen unbekannten Ort geraten ist. Doch dann versetzen
mich die Seeluft, der Duft der Kiefern und die Dünen
von Jūrmala zurück in meine Kindheit. Ich denke an die
glücklichen, unbeschwerten Sommerurlaube, die ich mit
meinen Eltern und Freunden hier verlebt habe.

Da ist das Hotel, in dem wir immer abgestiegen sind –
es muss doch wiederzuerkennen sein! Ich sehe ein Gebäude,
das vor dem Abriss steht, einen halb verfallenen Bau
aus der Sowjetzeit. Der Ort selbst hat sich bis zur Un-
kenntlichkeit verändert, ist mir fremd geworden. Ich
erinnere mich an alles, bis ins kleinste Detail, ich
entdecke sogar unseren Balkon und die Bank, auf der
ich so viel Zeit verbracht habe.

Statt, wie erwartet, Freude zu empfinden, schnürt es
mir die Kehle zu. Dennoch nehmen mich diese Ruinen
gefangen. Ich beginne zu fotografieren.

Nach einiger Zeit merke ich, dass Annabel und Miks
schon lange auf mich warten. Ungeduldig treten sie
im Hof des Hotels von einem Fuß auf den anderen –
sie wollen ans Meer: „Komm schon, Anastasia! Hier
gibt es doch interessantere Orte!"

Ich denke wieder an unser Buch: Darf man verbinden,
was sich den Regeln der Addition widersetzt, wofür
sich keine Formel finden lässt?

Ich versuche mich damit zu beruhigen, dass die Geschichte der Länder und die menschlichen Schicksale
schließlich auch Teil unseres, Annabels und meines,
Lebens sind.

Оригинальный русский текст Анастасии
Хорошиловой на стр. 48

Этот частный музей с экспонатами времен Второй
мировой войны находится в совершенной глуши, возле
поросшей лесом границы с Россией. Соответственно
невелико и годовое число посетителей, которым
случается добраться сюда: по словам Агриса, сына
хозяина музея Иманта, это две-три группы местных
школьников и горстка туристов. Латыши и русские,
по большей части. Он смог припомнить лишь один
случай, когда здесь побывали немцы.

Я догадываюсь, каких немцев он имеет в виду: пару
лет назад музей посетили мои родственники. Случайно:
вообще-то они просто хотели осмотреть местность,
где в 1944 году, вероятно, погиб мой дед. Он и еще
десятки других: на столах и на полках маленького
музея войны громоздятся медальоны, ржавые каски
и петлицы солдат. Где они похоронены и похоронены
ли вообще — неизвестно. Кроме того, в музее множество
предметов фронтового быта и оружия. Многое сломано,
повреждено или изъедено ржавчиной. А то и вообще
превратилось в хлам. Тем не менее, ни один предмет
не предназначен для свалки. Для Иманта ценность
экспонатов определяется отнюдь не деньгами. Им
движет страсть истинного коллекционера. Им и Агрисом.

Лес, луга, болото и снова леса — таким может быть
описание Латвии вблизи русской границы. Глухие
места, где, кажется, все расплывается и незаметно
переходит одно в другое. Трудно представить себе,
что всего 68 лет назад здесь шли тяжелые бои. Еще
труднее представить, что, как говорят, именно здесь
погиб мой дед. Вон та болотистая прогалина была
когда-то полем боя — как мне в это поверить? Как
вообще можно чему-либо здесь поверить? Чем больше
я стараюсь, тем хуже получается зацепиться хоть за
что-то. Похоже, природа поглотила все, здесь когда-
то бывшее, и это ей еще только предстоит усвоить.

Лес в Румбуле

Лес в Румбуле

Николай
Родился 10 декабря
1924 года под Киевом

ххх

«Вторая мировая война была ужасной, но борьба,
которую я сейчас веду, фактически изматывает
меня еще сильнее: более 20 лет я спорю с властями,
чтобы добиться от них подобающего признания
русских ветеранов войны. Но и воевавшие за Красную
армию по-прежнему поделены на людей первого
и второго сорта: если бывшие офицеры получают
от российского государства щедрую ветеранскую
пенсию, то простые солдаты не получают ничего.[1]
Мы слишком стары, чтобы бороться за свои права со
всем миром. Любой это понимает».

ххх

«Я принял российское гражданство только потому,
что таким образом я могу к своей обычной
латвийской пенсии по старости прибавить еще русское
пособие по инвалидности. То есть, официально
я россиянин, но Латвия была и остается моей Родиной».

ххх

«На 60-летие Великой отечественной войны одна
молодежная организация подарила мне коробку
шоколадных конфет стоимостью 20 латов. Моя жена,
воевавшая в партизанском отряде, осталась без
подарка. Я позвонил в эту организацию и пожаловался:
«Либо вы дарите конфеты всем ветеранам, либо
никому!» Так они даже не поняли, чем я недоволен».

ххх

«Я храню каждую газетную статью о нас, ветеранах,
вышедшую с момента получения независимости.
У меня сейчас два чемодана набиты вырезками. И что
дали нам эти статьи? Вообще ничего! Просто беда:
фашистов мы победили за четыре года, а бюрократию
не можем победить до сих пор!»

xxx

«Многим солдатам латвийского легиона было по 17–18
лет. Как они могли быть фашистами? На войне
у тебя не было выбора: каждый призывался там, где
он в это время оказывался. А сегодняшние
отношения между латышами и русскими намеренно
подогреваются политически! Нас, ветеранов,
используют только как прикрытие для реализации
своих интересов».

----
[1] На 2011 год

Кришьянис
Родился 27 мая
1925 года в Саулкрасты

xxx

«Мои родители были в отчаянии, когда я пошел на
войну. Мать проводила меня до ворот, перекрестила
и дала мне с собой письмо. Там, сказала она мне,
слова из Библии и я должен все время носить его
с собой, но открывать нельзя, потому что тогда
случится несчастье. Когда я потом попал в плен к
русским, письмо отобрали и у меня на глазах
порвали. Я так и не узнал, что там было написано».

xxx

«Мой отец отказался попрощаться со мной и
остался в доме. Он гневался, что после того,
как он отдал двух своих старших сыновей, война
потребовала еще и меня. В тот день он решил,
что побреется, только когда все три сына
вернутся с войны. Он так и умер с бородой».

xxx

«Я был добровольцем. Уж и не знаю, всерьез ли я
тогда верил, что у немцев были честные намерения
и они хотели сохранить независимость Латвии.
Если честно, мне было наплевать. Я просто считал
защиту отечества от наступавшего Советского Союза
своим долгом. Оттого только я пошел в Латвийский
легион: я был патриотом. Я и сегодня патриот».

xxx

«Во время советской оккупации латышский язык
стал вдруг считаться второсортным, едва ли не
собачьим. Теперь мы снова можем говорить на
нем, хотя советская власть и позаботилась о том,
чтобы у половины населения были русские корни».

ххх

«Горя, что принесла нам, латышам, война, из памяти
не вычеркнуть. Оно всегда остается с нами».

ххх

«Беда вот в чем: многие люди путают понятия
«национальный» и «нацистский». Националист
гордится своей нацией и своей принадлежностью
к этой нации. Национал-социалист злоупотребляет
этой гордостью ради своей правоэкстремистской
идеологии. Я считаю себя националистом. Что
плохого в том, чтобы любить родину? Тот, кто
утверждает, будто мы, латышские ветераны, —
неисправимые нацисты, попросту старается разжечь
ненависть между русскоязычными и латышскими
жителями Латвии».

Михаил
Родился 10 декабря
1925 года в Полтаве

xxx

«Мой отец был членом партии и сознательным
патриотом. Сейчас я бы мог сказать, что
хотел понравиться ему тем, что я такой же
пламенный патриот, как и он. Однако правда
такова: я пошел в добровольцы, потому что
был молодым и глупым. И еще потому, что
другие мои ровесники поступили так же».

xxx

«Много ли я размышлял о том, что делаю? Что
я убиваю людей? Знаете, рассуждать о таких
вещах — непозволительная роскошь на войне. Ты
слишком занят тем, чтобы самому выжить. Ясное
дело, солдат на фронте испытывает страшное
давление. Тут никто не остается равнодушным.
Через две недели, даже через два дня, сказал
бы я, война уже не казалась таким кошмаром.
Ужасно, насколько быстро человек способен
привыкать ко всему».

xxx

«9 мая 1945 года я как шальной выскочил на
поле, скакал от радости и кричал: «Ура!»
До тех пор, пока я не услышал тихий щелчок,
я не замечал мины в высокой траве. В
госпитале мне ампутировали правую ногу».

xxx

«Помню, что неподалеку от дома моей тети
был приют для инвалидов войны. Официально
он, конечно, назывался иначе. Мы ведь
вышли из той войны победителями, калеки
в наши ряды просто не вписывались».

----

xxx

«Год назад я упал, пытаясь самостоятельно добраться
до туалета. Я валялся как мешок с мукой, а моя
жена никак не могла меня поднять. В конце концов,
она выбежала на улицу и обратилась за помощью
к прохожим. Она умоляла и упрашивала. Но только
когда она пообещала заплатить, двое мужчин
согласились помочь поднять старика».

xxx

«Среди моих родственников есть латыши и русские.
Поэтому я не чувствую себя ни украинцем, ни
русским, ни латышом. Я в первую очередь человек.
И я хочу, чтобы ко мне относились так же. Однако
для здешних чиновников я человек без гражданства,
так они записали в моем паспорте. И это потому
только, что я не слишком хорошо знаю латышский.
До 1991 года русский был официальным языком
страны. Считаю, что от старого человека нельзя
требовать, чтобы он в свои годы еще чужой язык
в совершенстве выучил».

Валдис
Родился 2 февраля
1923 года в Руни

xxx

«Лучшим временем моей жизни было, конечно же,
детство. Потом долгое время вообще ничего не было.
Лишь когда закончился русский плен, жизнь моя
постепенно пошла на лад».

xxx

«Двадцатилетним я добровольно вызвался отбыть
трудовую повинность в Рейхе. Считалось, что это
необходимо для получения высшего образования.
Но уже тогда было ясно, что призыва в армию мне
не избежать. На военной подготовке во Фленсбурге
мы были половина на половину – латыши и немцы.
Отношения я бы назвал осторожно доброжелательными.
Каждая группа была сама по себе. «Подъем! Ложись!
В атаку! Отход!» Значение этих немецких слов
мы усвоили быстро».

xxx

«А что нам оставалось, как не встать на сторону
тех, кто до определенного момента нанес нам
меньший ущерб? Пока Советский Союз не вторгся
в нашу страну, у нас были очень хорошие отношения
с жившими в Латвии русскими, даже лучше, чем
с немцами. Но когда в 1940 году русские начали
с того, что депортировали наших лучших людей
в Сибирь, все закончилось. С того момента речь
могла быть лишь о том, как помешать Красной армии
занять нашу землю».

xxx

«Очевидно, железнодорожные пути в Сибирь были
настолько перегружены составами с пленными,
что планы относительно нас пришлось изменить.
Поэтому я оказался в лагере для военнопленных
всего-навсего в 40 километрах южнее Москвы».

ххх

«Нет занятия прекрасней, чем созерцать море.
Знаете почему? Потому что в зависимости от
освещения и времени суток оно выглядит совершенно
по-разному. Ничто не остается неизменным, все
преображается. И если достаточно часто и подолгу
смотреть на него, меняется и сам взгляд на вещи».

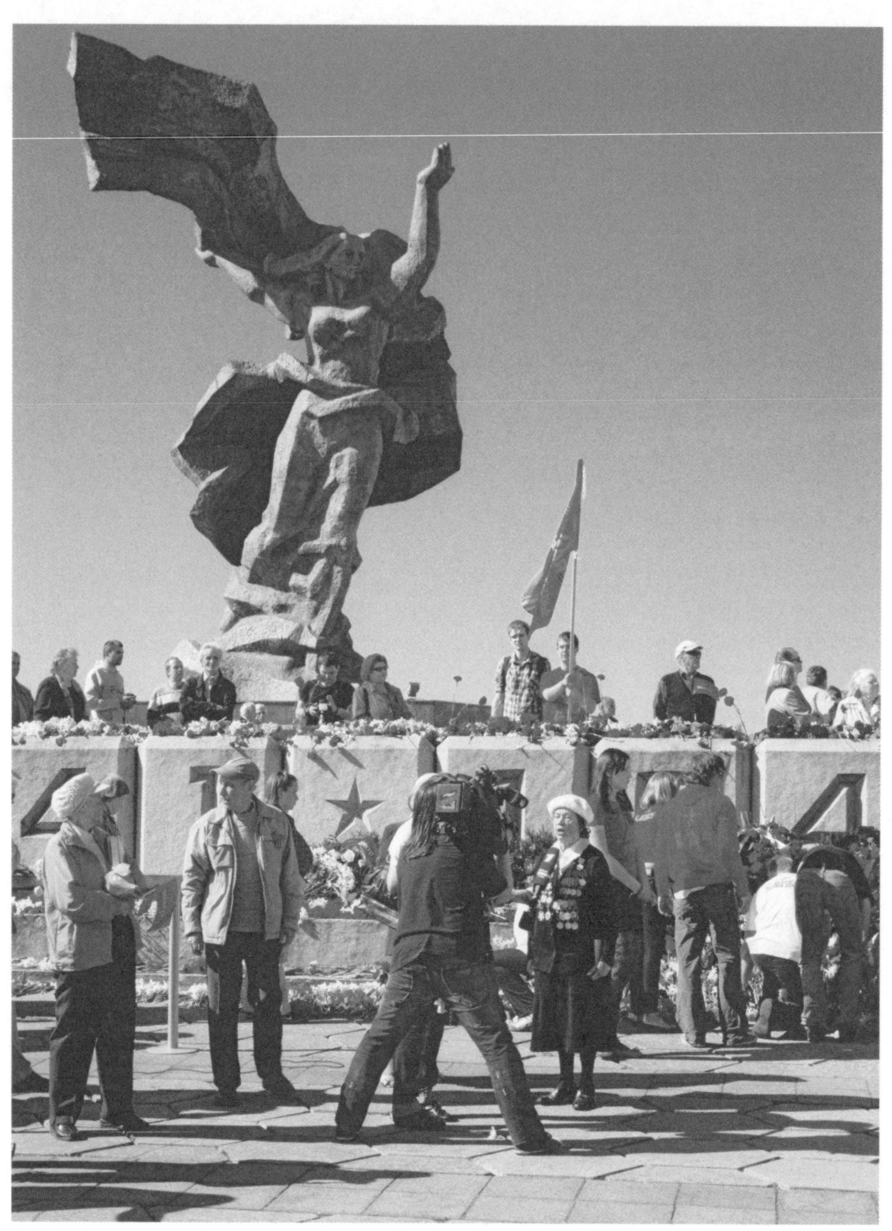

Die Übrigen

English translation

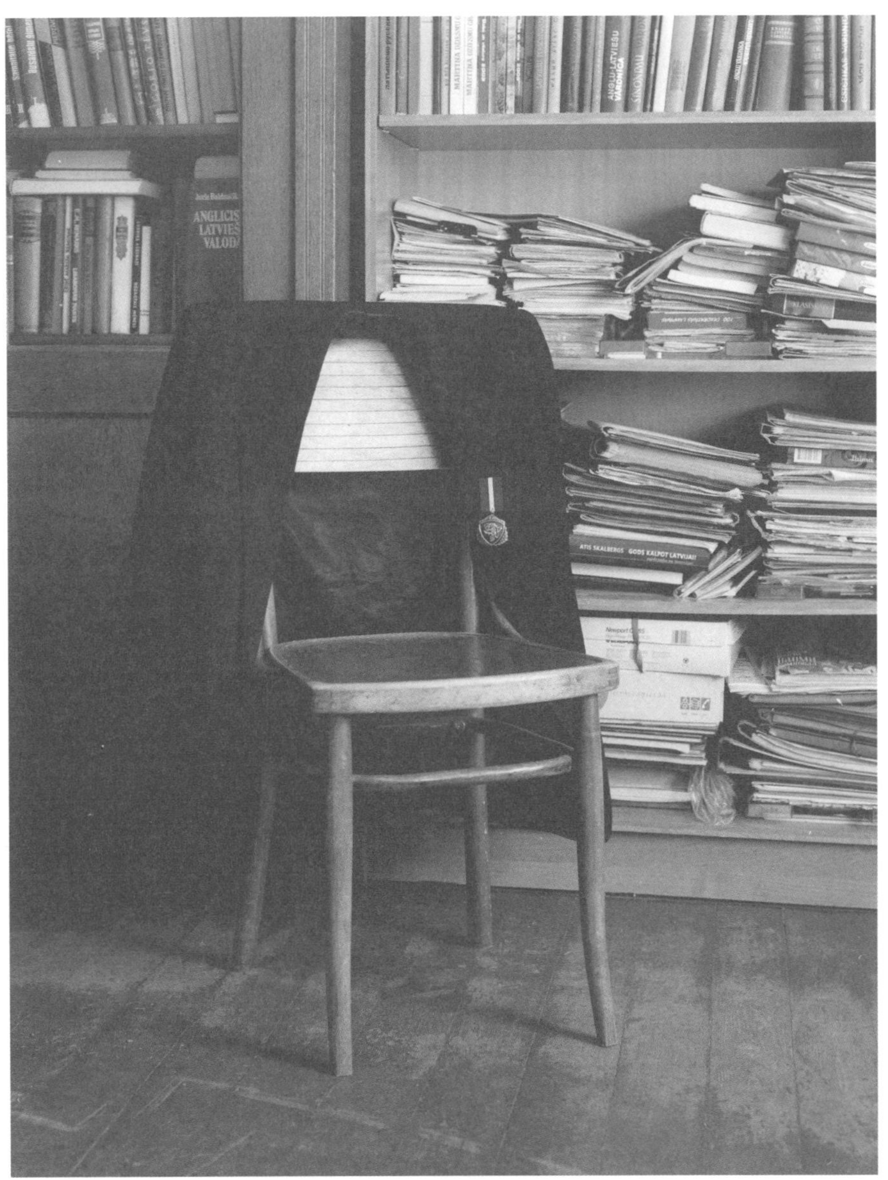

Anne Maier

Latvia is a breathtakingly beautiful country, the
soil full of memories both good and bad. Latvians,
Germans, Russians, and Jews have left their traces
behind between the shores of the Baltic and the
Russian forests.

25 years after the fall of the Berlin Wall and
the disintegration of the Soviet Union, Anastasia
Khoroshilova and Annabel von Gemmingen wanted to
explore how differently memories can be treated.
They wanted to look at history from two poles,
changing their point of view as much as possible in
order to arrive at the most objective view and inter-
pretation. Latvia and its history seemed to them
an interesting and appropriate field for experimen-
tation. Yet, unexpectedly and rather in passing,
they both became part of the artistic work; their
own histories mixed in with the history of the country.

As a child, Anastasia Khoroshilova spent her vacations
with her parents in Jurmala, a popular summer
vacation spot among Russian families on the Gulf
of Riga. These were moments of unburdened joy, bright
and clear like the broad horizon over the coast
and shaped by a youthful, carefree spirit and fun.

Annabel von Gemmingen had never before thought
about Latvia, this country where not just the
Germans left their traces between heaven and hell.
Like many other German families, her own family
lost several members during the Second World War.
Unknown. Unknown people.

Latvian and Russian veterans, old men who walk
with difficulty and sluggish steps, whose bodies
still reveal that they were once accustomed to
standing at attention. If the highly decorated
veterans of the Red Army were considered respected
heroes, the Latvian veterans, who were often
forced to fight on the side of Germans, were
seen as remains from a past that is long gone.

Times change: Latvia became independent again in
1991 and the Russians left the country. What remains
are the jackets of the veterans hanging loosely
on the backs of chairs. The Latvian veterans have
long since replaced the veterans of the Red Army
in the eye of history. Some commemorate their war
dead quietly at the military cemetery in Lestene
beneath the trees, while the others hold their parade
as always, left behind in the cities. Life goes on.

The new era with its reversed premises is seductive
for some, but not for those who met on the battlefield
and know that the power of reconciliation begins
when the weapons go silent. The way there might be
a long one, but it's not endless. A gap that remains
in our book is the fate of the many murdererd Latvian
and European Jews. Their memory reverberates here
as well.

Anastasia found the place from her childhood
that she was looking for: the hotel, abandoned,
overgrown and virtually reclaimed by nature.
The site where Annabel's grandfather was killed
in battle remains unknown.

Berlin, August 2013

From the small windows in the propeller airplane,
we could see ice floats on the Baltic just
off the Latvian coast. By now, at the latest,
it was clear: Latvia was going to be rough going.
But it was too late now to turn back.

What were we thinking, scheduling our first
research trip in February, of all months?
On top of that, a research trip to a country that
Anastasia only vaguely remembered from her
childhood, and that for me meant nothing at all.
Of course, I knew that the Germans and the
Russians fought embittered battles in the Second
World War here, where my grandfather lost his life.
And I knew that the Soviet Union annexed Latvia
right after the start of the Second World War.
But knowing something doesn't necessarily mean
having truly engaged with the subject. I would
like to say that I had already thought a great
deal about Latvia and its residents before
our trip. But that would be a lie. Latvia had
played no role at all in my life—until now.

Already in the fall of 2010, Anastasia had asked
me if I wanted to create a book with her about
the veterans of the Second World War living
here. It was then that I first learned of Latvia's
300,000 stateless residents. These so-called
"non-citizens" possess a permanent right of
residence, but no citizenship rights: that is,
they have no voting rights. Anastasia said that
this group of the stateless included a large
number of Russian-speaking war veterans who
served in the Soviet Red Army during the Second
World War and who have had to live in poor,
sometimes inhuman conditions since Latvian
independence. Our book was intended to explore
their fate. But as we started to do research
and engage in more depth with the Latvian
population and the vicissitudes of their history,
it soon became clear that it would be impossible

to write a book about Latvia's Russian veterans
without including the Latvians themselves. The
special thing about Latvia's role during the
Second World War is that a people was forced
to fight itself: both the Red Army and the
German Wehrmacht used Latvian recruits, meaning
that there is no one single group of war veterans
in Latvia. Instead, there are veterans of the
Red Army, veterans of Latvian SS divisions under
German command, and veterans of various partisan
groups like the Forest Brothers.

So we decided to make all the veterans the subject
of our book, no matter whether they considered
themselves Latvians, Russians, or stateless.
For despite their entirely different, individual
experiences, there is one thing that they all have
in common: they are relics of a time when the
disintegration of Latvian society began and that
people would like to forget in forward-looking
times of peace. The veterans are only collectively
remembered when they can serve to promote Russian
or Latvian interests.

Of course, it was clear to us that any attempt
to present Latvia's tempestuous history using
its veterans of the Second World War in a balanced
and comprehensive way was doomed to failure.
So we didn't even try: our plan was a different
one. We would drive with a Latvian translator and
a Russian driver through the country, visiting
important sights and monuments from the war and
speaking with as many veterans of the Second World
War as possible about their memories. In the end,
we would return with all these impressions to Germany
to create a book: a loose, incomplete collection
of our own and other memories of a country that
during our three trips became increasingly familiar
to us, while at the same time remaining alien.

For if we took one thing from Latvia, it was this:
there is no one, true memory of the Second World War,
there are no "authentic" eyewitnesses. Instead,
there exist numerous small truths that all together
create at best a mosaic of memories, but never

a complete image of the war. The combination and
contrasts of historical, collective, and individual
memories are far too complex. Memories are profoundly
subjective—those of a Russian photographer and
a German journalist as well.

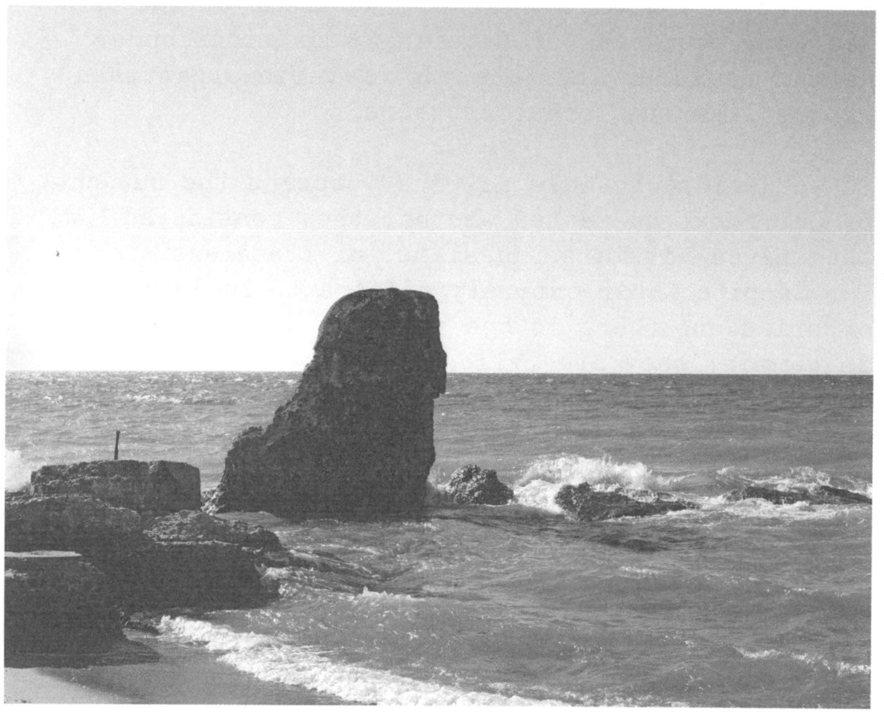

Two veterans a day, one in the morning, one in the
afternoon. At first, it seemed as if our ambitious
plan would work out. On the very first day of work
in Riga, our calendar was already filled with
interview dates for the coming days.

That was Monday. Today is Wednesday, and our initial
euphoria has given way to disillusionment: half of
our interview partners have already canceled on us.

Today, for a half hour we waited at temperatures
of minus 15 degrees Celsius outside the door of
the home of a former Russian officer who wanted
to tell us about himself and the war. We had agreed
to meet, so we rang the doorbell. Several times.
When he didn't open: we rang the bell a little
longer, and more urgently. We could clearly see
a face in one of his apartment windows on the first
floor, peeking out from behind a lace curtain.
But it was of no use. The door of the old man
who confirmed our date just two days ago on the
telephone amicably remained closed to us.

Now we were sitting perplexed on our hotel beds
and wondering whether our trip to Latvia might not
already be over before it even really began. What
if none of the veterans wanted to speak to us?
Could we hold it against them? Even worse than the
feeling of being misunderstood is the feeling of
not being understood at all. Of all people, why
should we, German and Russian grandchildren of the
war generation, understand the Latvian veterans?

Postscript, that same day:

Anastasia just called the officer one more time.
Maybe there was just a misunderstanding, maybe
we had just noted the wrong time and date. It seems
as if we were in luck: after four rings, we hear
the old man pick up the receiver, clear his throat,
and say his name. But as soon as he hears Anastasia's
voice on the other end of the line, he reacts with

second of embarrassed silence. Just when he sur-
prisingly wants to offer us an alternative date,
his wife interrupts in the background: "Is that the
journalists again? Remember what I told you: You're
sick!" The last thing we hear from the war veteran
is a click in the line, followed by a busy signal.

Early May 2011

Somewhere on the way between Riga and the
popular coastal town of Jūrmala, where Anastasia
also spent her summer vacations as a child,
we make our first trip to the seashore.

Walking down to the beach, we pass by a man dressed
from head to toe in camouflage. He is sitting still
on a camping chair and staring at the sea through
huge binoculars. 200 meters away from him, another
man huddles beneath the canopy of a tiny camouflaged
tent; he, too, is equipped with field glasses.
They are ornithologists.

In the spring and fall, many birdwatchers come here
to marvel at Latvia's wealth of bird life. Here, it's
possible to observe species that have become rare in
other parts of Europe. Several of them were always
at home in Latvia, others arrived as migrating birds.

During her summers in Jūrmala, Anastasia was also
just a migrant, a newcomer, that was something she
could clearly feel as a child. Between the Latvian
locals and the Russian vacationers, there was a
strange distance, and she didn't understand why.

February 2011

When I want to shake hands with him, he greets
me in perfect German with the sentence, "Deutschland,
Deutschland über alles." Well, this is going to be fun,
I think, and start sweating profusely. At the same
time, I'm confused: a Latvian who fought for the

– 122 –

Red Army and who, amused, recites what was once the
first stanza of the German national anthem. How does
that fit together?

Perhaps that's why we are so fascinated by Juris from
the very start: because he doesn't fit any category.

xxx

When the Russians arrived in Juris' Latvian hometown
in 1944 to recruit the 18 year olds for their army,
the Germans had already been there first. They took
along all men fit for the front, including his older
brother Anton. Juris had been warned just in time
by a neighbor, and hid in a forest until the Germans
moved on. That the Russians got him later was just
his bad luck. The fact the he and his brother served
during the rest of the war on enemy fronts is
a grotesque accident of history, one quite frequent
in Latvia.

Juris has no sympathy for the Communist idea. But
he believed that with the help of the Russians
Latvia's independence could be preserved. He wanted
to believe it, he says today. While fighting for the
Russian troops the way to Berlin, his older brother
Anton defended the Courland Pocket in the name
of the German Wehrmacht. Fate was kind to the two
brothers: they never faced one another on a
battlefield. And they survived, albeit not uninjured.
The one returned blind to Riga, the other paralyzed.

Juris found work in a furniture factory and,
because he was good with his hands, built Anton
a wheelchair. When 24, he met his great love: a
Latvian veteran of the Red Army, she was blind like
him. The marriage was a happy one, and they made
their way through the new Soviet reality.
War, says Juris, had made him a pragmatic. Then came
the year 1991, and the people in Riga started to
march against the Russians and to erect barricades
in the city center. Juris supported them by bringing
them food each day. Later he was given a medal
for his service: red and white, in the Latvian
national colors. And with a lion on it. Juris kept
the medal. It lies next to the military service medal

from the Soviet era in a rust-red leather case all
the way at the back of the top drawer of his armoire.

February 2011

The Latvian Liberty Monument stands right at the middle
of Riga's city center. Already erected in 1935, now,
after decades under Soviet rule, it is the most
important symbol of state independence for Latvians
today. During the day, guards keep watch over the
monument, and on holidays wreathes and flowers are
placed here.

Just a stone's throw away, but left of the Daugava, the
Soviet Victory Monument from 1985 is located. For the
Russians living in Latvia, it remains an emblem for
the liberation of the Latvian population from fascism.

Two contrary views of history, carved in stone.

Perhaps it has to do with the visit to the two monuments. At any event, our Latvian translator Miks and
our driver today spoke to one another for the first
time, even if only about random, unimportant things.
In Russian. That's notable, because both have spent
their entire lives in Riga.

But being born in the same country by no means gua-
rantees that they speak the same language. Sasha is
a Russian, went to a Russian school, has a completely
Russian-speaking circle of friends, and is married
to a Russian. The couple has a child with whom they
speak Russian and run a small delivery company with
a largely Russian client base.

But Sasha has nothing against the Latvians. And nothing
against Latvia. For him, Riga is simply the greatest
city in the world. He says he feels sorry for people
that don't live here.

Sasha just never thought it was necessary to learn
Latvian. Why should he? The Russian-speaking
population of Riga is 42 percent. And at the kiosks

there are more Russian than Latvian newspapers
available for purchase.

And due to their Soviet past, most Latvians speak
Russian very well.

And Miks? It's nothing new for him being spoken to
in Russian in his homeland. He's gotten used to it,
he claims. All the same, he prefers to speak German
with Anastasia.

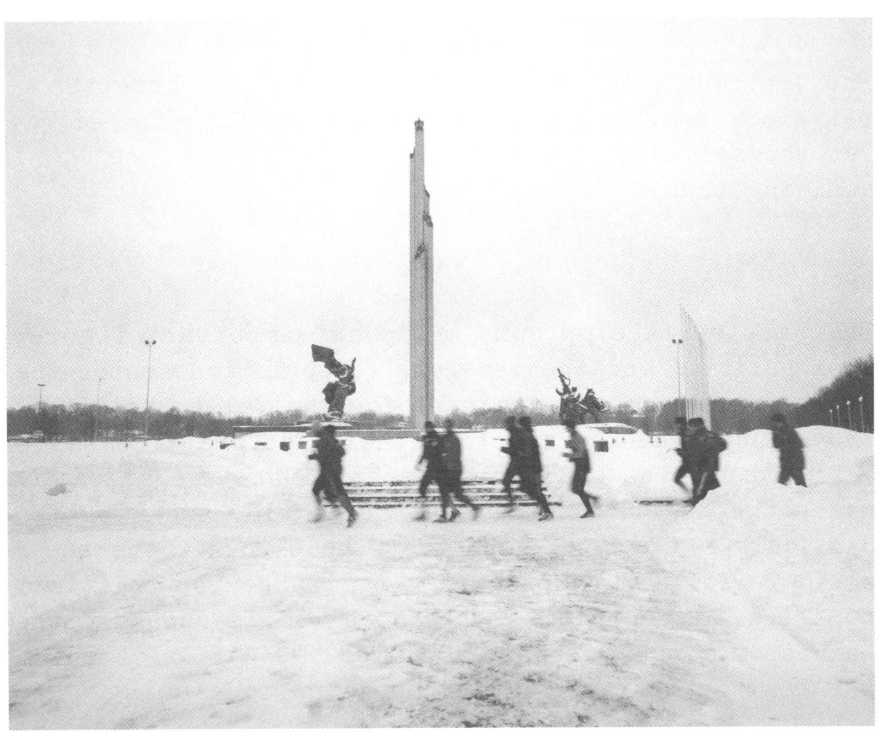

The cemetery seems well maintained. The rectangular
gravestones are arranged next to one another at an
even distance, the narrow strips of grass between
the rows are trimmed and freed of all weeds. Flowers
are placed on some of the gravestones. Veterans,
leaning on their relatives or supported by canes,
limp their way through the stones and let their gazes
wander restlessly among the inscriptions. Perhaps
there's a name that they know. But instead of a name,
many of the gravestones are simply marked "unknown."

The veterans plod on towards the tribune where the
religious service is about the begin. They there
let themselves fall cautiously onto the benches
awaiting them.

xxx

The bank strikes up some music and important figures
from politics and the veterans' associations enter the
cemetery. Before the monument for the fallen soldiers,
they place wreathes and take the opportunity to say
a few words. The chairman of a partisans' organization
makes the start. He's already quite old, speaking is
difficult for him. "I hope that the places where the
soliders fell in battle are not misused for political
purposes," he concludes. A gun salute is shot and the
Latvian national anthem is played. "God Bless Latvia,
Our Dear Fatherland." Everyone joins in singing.

xxx

The Latvian defense minister walks on stage. He remem-
bers the 80,000 Latvian soldiers killed in the war,
half of them wearing a Soviet uniform. He says it's not
fair that two great powers started a war in Latvia,
and yet do not think it necessary to visit the graves
of the fallen Latvian soldiers to express their
sympathy on May 8.

xxx

A vicar dedicates two new plaques on which additional
names have been added to the lists of the fallen.
"They died with Christ's love," he says. He then
points to an old oak tree that was damaged during
the fighting, and concludes the service by saying,
"Our people is like this oak tree: injured, yet
still alive."

xxx

After the service, people meet on nearby former
battlefield. In the shadows of old trees, the people
spread out their picnic blankets, spoon pea soup
from Styrofoam bowls, and chat with one another. The
mood is easygoing, all sorts of subjects are spoken
about. But not very much about the war.

May 9, 2011

We are standing at the foot of the Soviet Victory
Monument and look upon a sea of people placing
flowers at the base while eating cotton candy.
And I hope that I am invisible to them, as probably
the only German present, since I cannot dispel
the sensation of watching thousands of Russians at
a very private gathering.

But the Riga celebration of "Victory Day" could
hardly be any more public: the entire Riga press is
on hand, both critical and pro-Russian. And on huge
television screens, the military parade held at the
same time in Moscow is shown on the square. Directly
next to us is an covered tribune on which various
Russian performers warm up the mood of the visitors
hungry for entertainment, before pro-Russian Latvian
politicians and officials from the veterans' associations step up to the microphone during the course
of the day and with a crusading voice underscore the
historical importance of the Soviet victory over
National Socialism.

Those who have had enough of the speeches and per-
formances can just go with the flow: there are balloons

for the little ones, pins for the older children,
and food stands for all. In addition there are stand
and information booths where books can be purchased
about Soviet heroism during the Second World War, old
assault rifles can be marveled out, or donations
can be made for exhumation and transfer of the remains
of Russian fallen soldiers. This keeps the mass
remains in movement until late in the evening.

xxx

In the midst of the never-ending flow of new visitors,
the Russian veterans of the Second World War stand,
like museum exhibits and surrounded by curious on-
lookers. They have dressed for the occasion, wearing
their old Red Army uniforms and important medals
on their lapels. A mother points to a man who is
decorated with a slew of medals, his eyes hidden behind
mirrored sunglasses. "Look, he fought for you in the
Great Fatherland War," she explains to her young
daughter. The girl bows down reverently and tentatively
offers the veteran a red tulip. The old man bends
down, smiling, takes the flower and lets the girl
breath a kiss on his cheek. He has hardly sat down
again, when he places the tulip on the side, along
with all the others that he has already received today.
To accept additional congratulations, he has to keep
his hands free.

Over and over, people stop, hug the veterans and take
pictures. It becomes clear that the old men are
overtaxed by all the hustle and bustle about them. But
the unusual display of mass recognition is like balm
for their old soldier souls, and so they accept
gratefully.

On this one day, the Russian veterans are like
pop stars.

                                              May 2011

The sun is shining. All the same, a rough wind blows
in from the sea, which has led the fishers on the

pier just a few hundred meters away to don their
thick caps and jackets. On the long walk over here,
we could feel their curious gazes on our backs.
We stick out, like those who do not belong. From the
very first second, we have been uncovered as history
tourists. As curious visitors that see the remains
of the former Soviet defense installation as ugly,
fascinating alien bodies in the midst of beautiful
nature, overlooking the fact that we are all the
more so the true aliens in this locale.

Indeed, for us, as we curiously climb around the
dilapidated structures, it is almost impossible to
imagine being surrounded everyday by the threatening
and depressing backdrop of a former military harbor.
But the people here have clearly gotten so used to
the view of the dilapidated installations that their
approach to them is much more prosaic, perhaps even
more natural than our own.

For someone who with a makeshift fishing pole of a stick
and thread is trying his fisherman's luck because he
doesn't have enough money for food from the supermarket,
the military history and political importance of these
rotting concrete blocks in the water is of absolutely
no interest at all. But for us, the old military
installation in Karosta leaves a lump in our throats.

Who knows? Perhaps in the distance future there will
once again be people who are grateful that these
"cultural monuments" could survive, just as we today
are grateful for the smallest archaeological find
from Greek antiquity.

                                          April 2012

Today, we visited several war cemeteries. Courland is
dotted with them. Just drive down a street with a little
patience, and you'll come across a sign leading to one.
There are cemeteries for Latvian soldiers, cemeteries
for Soviet soldiers, and cemeteries for German soldiers,
but no cemetery for all soldiers. At least we didn't
encounter one. Nor did Miks know of one.

Back in Germany, Anastasia and I had discussed a great
deal the question of whether we could combine
Latvian and Soviet veterans in a single book. Whether
that would do them justice. Anastasia, in particular,
meant whether that would do justice to the Russians.
For, in the end, they freed the world from Nazism. Of
course, she's right. But one could easily also argue:
does it do justice to the Latvians to mention them
in the same breath as their later Russian oppressors?
It's an old, deadlocked argument that is routinely
held by Russians and Latvians and which ultimately
is carried out on the backs of the war veterans
themselves.

April 2012

Karosta. In our German travel guide, this military
neighborhood, which was once independent of Liepaja,
is described as an up-and-coming "neighborhood of
creatives." But Karosta isn't up-and-coming at all.
Karosta just stands still, oppressively still.

Sneaking along the streets at a walking speed, past
abandoned plots overgrown with weeds, dilapidated
concrete panel façades, and broken windows, without
encountering even a single human soul, a bad disaster
movie comes to mind. Around us the destroyed city,
above the wide open sky, and we the only survivors.
An absurd idea, entirely inapt.

It's not so much the place that awakens this bizarre
association in me, but rather the dark mood that lies
across it: it seems as if time has stood still here
at the conceivably worst moment — that is, immediately
between the collapse and a new beginning, as if
its residents were stuck in a kind of loop.

xxx

We walk through an abandoned military cemetery,
a collection of abandoned concrete slab buildings
is the process of being dismembered, where now even
the windows and doors are missing. The originally

white façades are now yellow and covered with graffiti.
Trash lies in the open entrances. When we approach
one of them carefully, we are met by the stench of
urine and rat droppings.

Two young Russian boys come in our direction.
Suddenly, one of them screams out, "Cunt!", looking
in our direction. Both laugh themselves nearly
to death. Just off the path, a group of teenagers
tries to set a tree stump afire. And just a few
meters away, a man sits on a bench, sips from
his bottle, taking no notice of any of this.

Once, at the start of the twentieth century, Karosta
must have been a glorious sight: a military city built
at the order of the Russian Czar Alexander III with
a navy harbor, a high standard of living, and the
most modern infrastructure, to which civilians had
no access. Today, the golden dome of Nikolai Cathedral
is the only thing that still glitters: Karosta has
decayed to a ghost town. Since the independence of
Latvia and the withdrawal of the around 20,000 Soviet
soldiers that were stationed here, a third of the
buildings are empty. And the descendents of the once
so privileged Soviet soldiers are left to their own
devices.

I am in Latvia. I am walking along Jomas Iela, the
main street of Jūrmala. Then I turn right into Turaidas
Iela. Before me I see unfamiliar buildings, cafés and
shops. Then, further ahead, the sea.

I feel, that I am seeing the town for the first time
and continue looking around with the curiosity of the
traveller arriving in an unfamiliar place. However
the sea air, the scent of pine trees and the sight
of Jūrmala's sand-dunes take me back to my childhood.
I recall the happy and carefree summer holidays
I used to spend here with my parents and friends.

There's the hotel where we used to stay, and I should
recognise it. What I see is a building ready for
demolition, a semi-ruined structure dating from Soviet
times. The place itself has changed out of all
recognition, and become alien. I remember everything
down to the tiniest detail. I even spot my balcony
and the bench on which I would spend so much time.

Instead of the joy that I had been expecting to
feel, I have a lump in my throat. Even so, the ruins
have an attraction for me. I start taking photographs.

After a while I realise that Annabel and Miks have
long been waiting for me. They are hanging around
impatiently in the hotel courtyard. They want to go
to the beach. "Let's go, Anastasia! There are more
interesting places than this!"

I keep thinking about our book project: is it possible
to put together something that does not lend itself
to the norms of composition, nor fit any formulae?

I comfort myself with the thought that the history
of countries and the fate of peoples is, in the
final analysis, part of my life and of Annabel's.

Anastasia Khoroshilova

The private museum with exhibits from the Second
World War is located in the middle of nowhere, directly
on the dense forests of the Russian border. The number
of visitors that make their way here each year is
accordingly small; according to Agris, the son of the
owner Imants, two or three Latvian school classes each
year and a handful of tourists. Usually, they are
Latvians and Russians. He can only remember one single
German visitor.

I can imagine which Germans he means: around two years
ago, relatives of mine visited here. But chance, for
they actually only wanted to visit the area where it
is thought that my grandfather died in 1944. He and
thousands of others: on the tables and in the shelves
of the small war museum, the dog tags are piled up,
rusted helmets and collar tabs of the soldiers whose
location is still uncertain today. In addition, the
museum houses countless everyday objects and weapons
from the front. A lot of it is broken down, defective,
or has been eaten away by rust. Some of it is simply
junk. All the same, not a single exhibit has ever been
thrown away. Imants does not measure the worth of the
exhibits in financial terms. It is a pure passion to
collect that drives him and Agris.

Forest, meadow, swampland, and more forest—this
is how the Latvian landscape just before the Russian
border could be described. A terrain that is hard to
grasp, where everything seems to flow into everything
else. It's difficult to imagine that just 68 years
ago heavy fighting took place here, and even harder
to imagine that my grandfather fell in that fighting.
Was the muddy meadow off in the distance a former
battlefield? Was it anything at all? The more I try,
the less can I recognize anything out there. It
seems as if nature had devoured everything that once
was here, and were still digesting it.

Rumbula Forest

Nikolai
Born on December 10,
1924 near Kiev, Ukraine

xxx

"The Second World War was bad, but the struggle that
I've been fighting now has almost been even more
grueling: for more than twenty years, I have been
struggling with officials to ensure that Russian war
veterans are given the recognition that they deserve.
But when it comes to the benefits for the former Red
Army soldiers, we have a two-class society: former
officers receive a generous pension from the Russian
state, while a simple soldier receives nothing at all.[1]
We are too old to take up the struggle for our rights
against the rest of the world. And everyone knows that."

xxx

"I only took on Russian citizenship because I could
then receive a Russian injured veteran's pension in
addition to my ordinary Latvian old age pension.
So officially, I'm Russian, but Latvia is and will
remain my homeland."

xxx

"To mark the 60th anniversary of the Great War for
the Fatherland, a youth organization brought me a
box of chocolates worth 20 lats. My wife, a former
Latvian fighter in the resistance, received nothing.
So I called up the organization and complained:
'Either you give all veterans chocolates or none at
all!' They didn't understand what my problem was."

"I've kept every newspaper article about us veterans
that's appeared since independence. In the meantime
I have two suitcases full. What have all the articles
brought us? Nothing at all. It's can bring you to
despair: we defeated the fascists in just four years,
but the bureaucracy still hasn't been defeated."

"Many soldiers in the Latvian Legion were just 17 or 18 years old when they were recurited. How could someone like that be a fascist? During the war, you had no choice: everyone was drafted in the region in which they found themselves. The current situation between Latvians and Russians is being exploited. They just use us veterans as an excuse to assert their own interests."

----

[1] as at 2011

Krišjañis
Born on May 27,
1925 in Saulkrasti, Latvia

xxx

"My parents were very unhappy when I went off to
war. My mother accompanied be until the gate, gave
herself the sign of the cross, and gave me a letter
to take along with me. She said it contained words
from the Bible and that I should carry it along
with me and never open it, for that would bring bad
luck. When I later wound up in Russian imprisonment,
they took the letter from me and tore it up before
my eyes. I never knew what was written in it."

xxx

"My father refused to say goodbye to me and remained
inside. He was furious, because after my two older
brothers he was about to lose me to the war as well.
That day, he decided not to shave until all three
sons returned safe from the front. He died with a
beard."

xxx

"I was one of those who volunteered. I don't know if
I seriously thought that the Germans had honorable
intentions and wanted to preserve Latvia's independence.
To be honest, it was of no importance to me. I saw
it as my duty to defend my fatherland against the
invading Soviet Union. That was the only reason
I volunteered for the Latvian Legion: because I was
a patriot. I still am a patriot today."

xxx

"During the Soviet occupation, Latvian was suddenly
considered a language of dogs. Later, we were allowed
to speak it again, but the Soviets insured that half
the Latvian population today has Russian roots."

---

xxx

"The concern that the war brought to us Latvians is something that can't be erased from consciousness. It remains constantly present."

xxx

"The problem is that many people confuse the terms 'national' and 'Nazi.' A nationalist is proud of his country and his nationality. A Nazi abuses this pride for the sake of his extreme right wing ideology. I see myself as a nationalist. What's wrong with loving your homeland? Whoever claims that we Latvian veterans are just all unrepentant Nazis simply wants to foment hatred between the Russian and Latvian residents of the country."

Michail
Born on December 10,
1925 in Poltava, Ukraine

xxx

"My father was a party member and a proud patriot. Now
I could say that I wanted to please him, that I was
just as much a fervent patriot as he was. But the truth
is: I volunteered because I was young and stupid. And
because everyone else my age did the same thing."

xxx

"Did I think much about what I was doing? That I was
killing people? You know, thinking about something
like that during wartime would be a luxury. You are
too involved with your own survival. Of course, you
feel enormous pressure as a soldier on the frontlines.
No one is apathetic. After a few weeks, I'd even say,
after a few days, war no longer felt so bad. It's
horrible how quickly a human being is able to dull
his senses."

xxx

"On May 9, 1945, I ran across the field like a man
possessed, jumped for joy and shouted 'hurray.' It was
only when I heard the quiet click that I noticed the
mine in the high grass. At the hospital they amputated
my right leg."

xxx

"I remember that right near my aunt's home there
was a home for invalids from the Second World War.
Officially it wasn't called that, we all were
victors from the war, but the seriously injured
in our own ranks just didn't really fit the image."

xxx

"A year ago, I fell when trying to go to the
bathroom on my own. I was lying there like a sack
of flour, and my wife wasn't able to pick me up.
Finally, she walked down to the street and asked
passersby for help. She pleaded and begged.
But it was only when she offered money to help
up an old man did two men come foreword."

xxx

"I have Latvian and Russian relatives. I don't
think I'm an Ukrainian, nor a Russian or Latvian,
but first and foremost a human being. And I
wanted to be treated accordingly. But for the local
authorities, I am a stateless person, that's the
stamp in my passport. And that's only because I
can't speak enough Latvian. Until 1991, Russian
was the official language. I don't think it's fair
to expect an elderly person to learn a foreign
language to perfection in his old age."

Valdis
Born on February 2,
1923 in Rūņi, Latvia

xxx

"The loveliest time in my life was clearly my childhood. After that, for a long time there was nothing.
It was with the end of Russian imprisonment that
my life slowly got better."

xxx

"When I was twenty, I volunteered for the Reichs-
arbeitsdienst. That was considered an admission
requirement for university studies. But it was already
clear that I could not avoid military service.
At basic training in Flensburg, half of us were
Latvians and the other half Germans. Our rapport
with one another could be described as friendly
but distanced. Each group preferred staying on
their own. "Aufstehen! Hinlegen! Angriff! Rückzug!"
The meaning of these German words were soon learned.

xxx

"What were we left with but to choose the side of
those that until that date had done us less harm?
Before the Soviet Union marched into Latvia, we had
a very good relationship with the Russians living
here, even better than our relationship with the
Germans. But when the Russians started deporting
our intellectuals to Siberia in 1940, it was over.
It was from then on that our only goal was to
keep the Red Army from occupying our country."

xxx

"Clearly, the train tracks to Siberia were so
overloaded with prison transports, that they had
to make new plans for us. So I woke up 40 km
south of Moscow in a prisoner-of-war camp."

----

xxx

"There's nothing nicer than viewing the ocean.
You know why? Because depending on the daylight
and the time of day, things look very different.
Nothing remains the same, everything changes.
And if you look often and for long enough, your
own perspective on things can also change."

Die Übrigen

Tulkojums latviešu valodā

Die Übrigen

Tulkojums latviešu valodā

Anna Maere

Latvija ir neparasti skaista zeme, kas pārpilna
atmiņām, gan labām, gan sliktām. Latvieši
un vācieši, krievi un ebreji ir atstājuši te,
zemes plašumos starp Baltijas jūras krastu
un Krievijas mežiem, savas pēdas.

Anastasija Horošilova un Annabela fon Gemingena
nolēma tagad, 25 gadus pēc Berlīnes sienas
krišanas un Padomju Savienības sabrukšanas,
izpētīt, cik dažādi ar savām atmiņām sadzīvo
cilvēki. Viņas gatavojās uz vēsturi paskatīties
no divām dažādām pusēm, visu laiku mainot
skatu punktus tā, lai nonāktu pie maksimāli
objektīva viedokļa un interpretācijas. Latvija
un tās vēsture viņām šķita novērojumiem
piemērota un interesanta telpa. Darba gaitā
negaidīti un bez īpašas piepūles viņas pašas
kļuva par mākslinieciskā projekta daļu, viņu
katras personīgais liktenis sajaucās ar šīs
zemes vēsturisko likteni.

Bērnībā Anastasija Horošilova kopā ar vecākiem
brīvdienas pavadīja Jūrmalā, krievu vidū populārā
ģimeņu kūrortā Rīgas jūras līča krastā. Tās
bija bezrūpīga prieka pilnas dienas, tikpat
skaidras un gaiši mirdzošas kā jūra un debesis
pie tālajā horizonta. Bērnības prieka un
bezrūpības laiks.

Annabela fon Gemingena nekad neaizdomājās par
Latviju, valsti, kuras vēsturē ne tikai vācieši
vien par sevi atstājuši visai dažādas atmiņas —
no pašām gaišākajām līdz pavisam melnām. Tāpat
kā citās ģimenēs Vācijā, arī viņas ģimenē bija
Otrā pasaules karā kritušie un bezvēsts
pazudušie. Nezināmie.

Latviešu un krievu veterāni, večuki ar smagu
un gausu soli, viņu stāja vēl joprojām nodod
iemaņas stāvēt ierindā. Ja Sarkanās armijas

veterāni, apbalvoti ar augstākajām atzinības
zīmēm, tika uzskatīti par godpilniem varoņiem,
tad latviešu veterāni, kuri karoja (cits
brīvprātīgi, bet cits – ne no brīva prāta)
vāciešu pusē, bija sen pagājuša laika relikti.

Laiki mainījās. Padomju vara no valsts aizgāja,
1991. gadā Latvija atkal kļuva neatkarīga.
Palika pār krēslu atzveltnēm pārmesti veterānu
šineļi. Jau sen vēsturiskajā perspektīvā latviešu veterāni ir samainījušies vietām ar
Sarkanās armijas veterāniem. Vienas medaļas
averss un reverss. Vieni Lestenē klusi un
godbijīgi koku paēnā nododas atmiņām, bet
otri, pilsētās palikušie rudimenti, rīko
parādes – tāpat kā agrāk. Dzīve turpinās.

Jaunais laiks ar tā ačgārniem orientieriem
vienu otru varbūt var izsist no sliedēm,
bet ne jau tos, kuri bijuši kaujas laukā
un zina – kad apklust ieroči, sāk darboties
samierināšanās. Ceļš uz to var izrādīties
garš, bet ne bezgalīgs. Diemžēl, daudzu kara
laika noslepkavoto Latvijas un Eiropas ebreju
likteņu pieminēšana mūsu grāmatā šoreiz
izpaliek. Bet piemiņa paliek.

Anastasija atrada savas bērnības vietas: tukšo
atpūtas namu, aizaugušu un gandrīz jau kļuvušu
par dabas daļu. Vieta, kur kritis un apglabāts
Annabelas vectēvs, tā arī nav zināma.

Berlīne, Augusts, 2013. gads

Netālu no Latvijas piekrastes pa maziņo
propelleru lidmašīnas iluminatoru varēja redzēt
Baltijas jūrā peldam ledus blāķus. Latvijā diez
vai būs omulīgi, vismaz tagad tas kļuva skaidrs.
Tomēr griezties atpakaļ ir jau par vēlu.

Kā gan mēs bijām to iedomājušās — mūsu pašā
pirmajā izpētes braucienā doties tieši februārī?
Turklāt vēl uz zemi, ar ko Anastasiju saistīja
vien blāvas bērnības atmiņas, bet mani…
nesaistīja vispār nekas. Protams, es zināju,
ka šeit Otrā pasaules kara laikā vācieši un
krievi bija sadūrušies sīvās cīņās, kurās
dzīvību bija zaudējis arī mans vectēvs. Turklāt
es zināju, ka, pasaules karam sākoties, Padomju
Savienība pievienoja Latviju sev, paturēdama
to arī pēc kara. Taču zināt kaut ko vēl
nenozīmē, ka man ar to ir arī kāda saistība.
Es labprāt apgalvotu, ka jau pirms mūsu brauciena
daudz domāju par Latviju un tās iedzīvotājiem.
Bet tie nu būtu salti meli. Latvijai manā
dzīvē nebija nekādas lomas. Līdz šim.

Jau 2010. gada rudenī Anastasija man pavaicāja,
vai es vēlos kopā ar viņu veidot grāmatu
par Latvijā dzīvojošiem Otrā pasaules kara
veterāniem. Tobrīd es pirmoreiz dzirdēju par
300 000 Latvijas bezpavalstnieku. Šie tā saucamie
„nepilsoņi" gan iemantojuši patstāvīgu
dzīvesvietu, taču ne pilsoņu tiesības, un arī
ne tiesības vēlēt. Anastasija pastāstīja,
ka bezpavalstnieku vidū liels daudzums bija
krieviski runājošo kara veterānu, kas Otrā
pasaules kara laikā dienējuši padomju Sarkanajā
armijā, bet neatkarīgajā Latvijā bija spiesti
dzīvot nabadzīgos, reizēm pat cilvēkam cieņu
pazemojošos apstākļos. Par viņu likteņiem būtu
jāraksta mūsu grāmata. Taču, kad uzsākām mūsu
pētījumus un ciešāk saskārāmies ar Latvijas
iedzīvotājiem un to pārmaiņām bagāto vēsturi,

ātri tapa skaidrs ka nav iespējams uzrakstīt
grāmatu par Latvijas krievu veterāniem,
nepiedomājot par veterāniem latviešiem. Latvijas
lomai Otrajā pasaules karā piemita kas īpašs,
proti, tauta bija spiesta cīnīties pati pret
sevi: kā Sarkanā armija, tā Vērmahts mēdza
izmantot Latvijas rekrūšus savām kaujas
operācijām Austrumeiropā, no kā arī izriet
ka Latvijā kara veterāni kā tādi nepastāv.
To vietā ir Sarkanās armijas veterāni, SS
leģiona veterāni, kas atradās Vācijas virspa-
vēlniecības pakļautībā, un dažādu partizānu
organizāciju veterāni, kā, piemēram, „Mežabrāļi“.

Mēs tātad nolēmām mūsu grāmatā iekļaut visus
šīs zemes veterānus, neatkarīgi no tā, vai tie
šobrīd paši sevi pieskaita pie latviešiem,
krieviem vai bezpavalstniekiem. Jo neskatoties
uz viņu absolūti atšķirīgo, ļoti individuālo
pieredzi ir kaut kas tāds, kas viņus visus vieno:
viņi ir atliekas no tā perioda, ar ko sākās
Latvijas sabiedrības sairšana un ko tikai uz
priekšu vērstajā miera laikā gribētos pēc
iespējas ātrāk aizmirst. Acīm redzams, ka
kolektīvajā atmiņā veterāni dažbrīd tiek
atsaukti vien tad, kad tiem atkal jākalpo par
objektu krievu vai latviešu interešu politikai.

Protams, mums bija skaidrs, ka nodoms visapt-
veroši un līdzsvaroti atainot Latvijas
mainīgo vēsturi, ņemot vērā vienīgi Otrā pasaules
kara veterānu uzskatus un nostāstus, visticamāk neizdosies. Tāpēc sākumā mēs to arī nemaz
nemēģinājām. Mūsu plāns gan bija citāds: mēs
kopā ar kādu latviešu tulku un krievu šoferi
pie stūres ceļotu pa valsti, apmeklētu nozīmīgas
kauju vietas un pieminekļus, kur runātu ar pēc
iespējas vairākiem Otrā pasaules kara
veterāniem par viņu atmiņām. Beigās mēs ar
visiem šiem iespaidiem bagāžā atgrieztos mājās
Vācijā un no tiem radītu grāmatu: nesašķirotu,
nepilnīgu pašu un svešu atmiņu sakopojumu
par zemi, kas mūsu triju ceļojumu laikā gan
kļuva pazīstama, gan reizē palika sveša.

Jo, ja mēs vispār kaut ko no Latvijas paņēmām
līdzi, tad lūk šo: vienas patiesas atmiņas par
Otro pasaules karu, „noteiktas” aculiecinieka
liecības, nemaz nav. Tā vietā eksistē daudz
mazu patiesību, kas kopā ņemtas labākajā gadījumā
veido atmiņu mozaīku, bet nekādi netiek dots
pilnīgs un izsmeļošs priekšstats par karu.
Pārāk sarežģīta ir vēsturisko, kolektīvo un
individuālo atmiņu un pieredžu saspēle un
pretspēle. Atmiņas taču vienmēr ir ārkārtīgi
subjektīvas. Arī kādas krievu fotogrāfes
un kādas vācu žurnālistes atmiņas.

Katru dienu divi veterāni – viens no rīta un
vēl viens pēcpusdienā. Tā mēs bijām domājušas.
Un pašā sākumā tiešām arī likās, ka mūsu
godkārīgajam plānam būs lemts izdoties: jau
pašā pirmajā darba dienā Rīgā mūsu kalendārs
bija pilns ar interviju laikiem tuvākajām
dienām.

Tas bija pirmdien. Šodien ir trešdiena un mūsu
sākotnējā eiforija ir devusi ceļu vilšanās
sajūtai: faktiski puse no mūsu intervējamajiem
ir izstājusies.

Šodien mīnus 15 grādu salā mēs pusstundu
nostāvējām pie kādreizējā krievu virsnieka,
kas mums vēlējās pastāstīt par sevi un par
karu, mājas durvīm. Mūsu vizīte bija iepriekš
norunāta, tādēļ pazvanījām pie durvīm. Vairākas
reizes. Un tad, tā kā viņš tās neatvēra: vēl
ilgāk. Uzstājīgāk. Vienā no viņa pirmā stāva
dzīvokļa logiem mēs varējām skaidri sazīmēt
kādu seju, kas zagšus lūrēja aiz mežģīņu
aizkariem. Taču tas nekādi nelīdzēja. Vecā
vīra, kurš vēl pirms divām dienām telefonsarunā
mums tik draudzīgi apsolīja tikšanos, durvis
palika aizvērtas.

Tagad mēs apmulsušas sēžam uz gultām mūsu
viesnīcas numuriņā un apsveram, vai iespējams,
ka mūsu ceļojums pa Latviju ir beidzies, vēl
pirms pa īstam sācies. Ko tad, ja neviens
veterāns nevēlēsies ar mums runāt? Vai viņi
pie tā visnotaļ būtu vainojami? Vēl sliktāka
par sajūtu būt pārprastam noteikti ir sajūta
būt pilnīgi nesaprastam. Kādēļ tieši mums –
kara mazmeitām, vācietei un krievietei –
būtu jāizprot Latvijas veterāni?

Papildinājums, tajā pašā dienā:

Tikko Anastasija vēlreiz piezvanīja tam
virsniekam. Varbūt būšot noticis pārpratums
un mēs vienkārši nepareizi atzīmējām tikšanās
laiku. Izskatās, ka mums ir veicies: jau pēc
četriem signāliem mēs dzirdam, kā vecais vīrs
paceļ klausuli, kārtīgi izklepojas un pasaka
savu vārdu. Taču kolīdz viņš līnijas otrā galā
izdzird Anastasijas balsi, reaģē ar dažas
sekundes ilgu, neveiklu klusēšanu. Un tieši
tobrīd, kad viņš pārsteidzošā kārtā vēlas
mums tomēr piedāvāt citus tikšanās laikus,
fonā dzirdama viņa sievas iejaukšanās: „Tie
ir tie žurnālisti? Atceries taču, ko es tev
teicu: Tu esi slims!" Līdz ar to saruna ar
kara veterānu beidzas, mēs klausulē dzirdam
klikšķi un tad signālus, kas rāda aizņemtu.

                          Maija sākums, 2011. gads

Kaut kur ceļā starp Rīgu un slaveno piejūras
kūrortu Jūrmalu, kur Anastasija būdama
bērns pavadīja savas vasaras brīvdienas,
mēs pirmoreiz izmetam līkumu līdz jūrai.

Kad dodamies lejā līdz pludmalei, mēs paskri-
enam garām kādam no galvas līdz kājām kamuflāžā
tērptam vīrietim. Viņš nekustīgi sēž uz
saliekamā krēsla un caur milzu binokli ķīķerē
kaut kur jūras virzienā. 200 metrus tālāk no
viņa zem niecīgas kamuflāžas telts nojumes
notupies sēž vēl viens vīrs, arī viņam ir
binoklis gatavībā. Tie esot ornitologi.

Pavasarī un rudenī daudzi no viņiem šeit
ierodas apbrīnot Latvijas putnu daudzveidīgo
populāciju. Šeit var novērot tādas sugas,
kas citās Eiropas daļās sen kļuvušas par
retumu. Dažiem Latvija ir patstāvīga mājvieta,
citi ieceļo kā gājputni.

Arī Anastasija kādreiz savu Jūrmalā pavadīto
vasaru laikā bija vienkārši „jaunpienācēja“,
ko viņa kā bērns varēja skaidri sajust.
Starp latviešu iedzīvotājiem un krievu
vasarniekiem valdīja diezgan savāda distance
un viņa nesaprata, kādēļ.

Februāris, 2011. gads

Kad es gribu viņam paspiest roku, viņš mani
sveic perfektā vācu valodā ar teikumu: „Vācija,
Vācija visam pāri.” Tas nu gan būs jautri, es
nodomāju, un sāku briesmīgi svīst. Vienlaikus
esmu nedaudz apjukusi: latvietis, kas cīnījās
Sarkanās armijas rindās un kas redzami uzjau-
trinās, citējot pirmo rindiņu no nacistiskās
Vācijas valsts himnas. Kā tas vispār iet kopā?

Iespējams tieši tādēļ Juris mūs tik ļoti fascinē
jau no pirmā acu uzmetiena: čūsku azotē viņš
droši vien netur.

xxx

Kad krievi 1944. gadā ieradās Jura dzimtajā
latviešu ciemā, lai 18 gadu veco jaunieti
rekrutētu savā armijā, pirms tam tur jau bija
paviesojušies vācieši. Viņi paņēma līdzi
visus vīriešus, kas derēja frontei, tai skaitā
arī viņa vecāko brāli Antonu. Pašu Juri
savlaicīgi bija pabrīdinājis kāds kaimiņš, un,
kamēr vācieši nedevās tālāk, viņš slēpās mežiņā.
Īsta neveiksme bija tas, ka mazliet vēlāk viņu
tomēr savāca krievi. Atlikušo kara laiku viņš
un viņa īstais brālis bija spiesti
kalpot naidīgās frontēs — grotesks vēstures
negadījums, kādu Latvijā ir bijis pārpilnam.

Juris neatbalstīja nekādas komunistiskās
idejas. Taču viņš cieši ticēja tam, ka ar krievu
palīdzību spēs nosargāt Latvijas neatkarību.
Viņš gribēja tam ticēt, kā šodien viņš mums saka.

Kamēr viņš Krievijas spēku sastāvā izcīnīja
brīvu ceļu uz Berlīni, viņa vecākais brālis
Antons Vērmahta dienestā aizstāvēja Kurzemes
katlu. Liktenis pret abiem bija labvēlīgs: tiem
ne reizes nenācās sastapties kaujas laukā. Un
viņi karā izdzīvoja, kaut arī ne bez ievainojumiem.
Viens Rīgā atgriezās zaudējis redzi, otrs ar
paralizētu ķermeņa lejasdaļu. Juris atrada darbu
mēbeļu fabrikā un, tā ka bija apveltīts ar
prasmīgām rokām, uzmeistaroja Antonam speciālu
ratiņkrēslu. 24 gadu vecumā viņš iepazinās ar
savu lielo mīlestību: Sarkanās armijas veterāni
latvieti, kura arī bija akla tāpat kā viņš.
Laulība izrādijās laimīga. Ar jauno sabiedrisko
padomju iekārtu viņš prata sadzīvot. Karš,
saka Juris, padarījis viņu par pragmatiķi.

Tad nāca 1991. gads un cilvēki sāka iziet Rīgas
ielās, lai protestētu pret Padomēm, un pašā
pilsētas centrā celtu barikādes. Juris viņus
atbalstīja, cik varēja, barikāžu aizstāvjiem
ikdienas sagādājot ēdienu. Vēlāk viņš par to
saņēma ordeni. Sarkans un balts, latviešu
nacionālajās krāsās. Un ar lauvas attēlu uz tā.

Ordeni Juris ir saglabājis. Tas kopā ar citiem
ordeņiem par militāriem nopelniem padomju laikā
guļ rūsas krāsas ādas lādītē, tā glabājas viņa
drēbju skapja visaugstākā plaukta pašā dziļumā.

                              Februāris, 2011. gads

Pašā Rīgas centrā atrodas latviešu Brīvības
piemineklis. Izveidots un uzstādīts 1935.
gadā, šobrīd, kad pagājuši gadu desmiti padomju
varas pakļautībā, latviešiem tas ir svarīgākais
simbols valsts neatkarībai. Pa dienu pie pieminekļa stāv goda sardze, bet svētkos pie tā tiek
likti vainagi un ziedi.

Tik vien kā akmens sviediena attālumā, tomēr
Daugavas kreisajā krastā no 1985. gada stāv

padomju Uzvaras piemineklis, drūmāks un
augstāks. Latvijā dzīvojošajiem krieviem
tas joprojām ir simbols Latvijas iedzīvotāju
atbrīvošanai no fašisma.

Divas pretējas vēstures versijas un uztveres.
Cirstas akmenī.

xxx

Iespējams tam visam ir kāda saistība ar abu
pieminekļu apmeklēšanu. Taču jebkurā gadījumā
šodien mūsu latviešu tulks Miks un mūsu šoferis
Saša pirmoreiz viens ar otru sarunājās, pat
ja tikai par ikdienišķām lietām. Krievu valodā
turklāt. Tas ir pieminēšanas vērts kaut vai
tādēļ, ka abi visu savu dzīvi pavadījuši Rīgā.

Taču viena un tā pati dzimtene Latvija jau sen
vairs nenozīmē, ka arī valoda, kurā tiek runāts,
būtu viena un tā pati: Saša ir krievs. Viņš
ir apmeklējis krievu pamatskolu, pastāvīgi ir
atradies krieviski runājošu draugu lokā un arī
apprecējies ar krievieti. Abiem piedzimis
bērns, ar kuru tie runā krieviski; profesionālā
ziņā viņš vada transporta uzņēmumu, kas pārsvarā
strādā ar krievu klientiem.

Tai pašā laikā Sašam nav pilnīgi nekas pret
latviešiem. Un arī nekas pret Latviju. Viņam
Rīga šķiet foršākā pilsēta pasaulē. Saša saka,
ka viņam žēl tos, kuri te nedzīvo.Saša vienkārši
nekad nav uzskatījis par nepieciešamu mācīties
latviešu valodu. Kāpēc gan? Krieviski runājošo
iedzīvotāju daļa Rīgā sastāda 42 procentus. Kioskos
ir iespējams nopirkt gan krievu, gan latviešu
laikrakstus. Un padomju pagātnes ietekmē lielāka
daļa latviešu runā ļoti labā krievu valodā.

Bet Miks? Viņam tas nav nekāds jaunums, viņa
dzimtajā zemē būt uzrunātam krieviski. Viņš
apgalvo, ka pie tā esot pieradis. Tomēr, runājot
ar Anastasiju, viņš dod priekšroku vācu valodai.

Kapsēta izskatās sakopta. Četrstūrainās kapu plāksnes izkārtotas precīzā attālumā viena no otras, šaurās zālāja slejas starp kapu rindām ir labi nostiprinātas, dažnedažādas nezāles izravētas. Vietām uz kapu kopiņām guļ puķes. Veterāni, balstīdamies uz saviem radiniekiem vai spieķiem, klibo starp kapu rindām un ļauj skatienam nemierīgi klīst pāri uzrakstiem. Varbūt tur atrādīsies kāds vārds, ko viņi zina. Taču vārdu vietā uz daudziem kapakmeņiem ir vienkārši rakstīts „Nezināms". Veterāni lēni aizvelkas līdz tribīnei, kur tūlīt sāksies pats dievkalpojums. Tur viņi piesardzīgi atgāžas iepriekš sagatavotajos garajos solos.

xxx

Atskan pūšamo instrumentu mūzika un kapsētā svinīgi iesoļo tie politiķi un apvienību pārstāvji, kam šobrīd sabiedrībā ir kāda teikšana. Kritušajiem kareivjiem veltītā pieminekļa priekšā viņi liek vainagus un tad gaida savu kārtu, lai tiktu pie vārda. Pirmais sāk kādas partizānu organizācijas priekšsēdētājs. Viņš jau ir gados vecs, sakāmais viņam nedodas viegli. „Es ceru, ka vieta, kurā krituši kareivji, netiks ļaunprātīgi izmantota politiskiem mērķiem", – viņš pabeidz savu runu. Tad atskan salūta zalves, orķestranti sāk spēlēt Latvijas nacionālo himnu: „Dievs svētī Latviju, mūs' dārgo Tēviju...". Klātesošie dzied līdzi.

xxx

Uz skatuves uznāk Latvijas aizsardzības ministrs. Viņš atgādina par 80 000 Latvijas karavīru, kas karā atdeva savas dzīvības, puse no viņiem bija padomju formas tērpos. Tas esot bijis netaisnīgi, ka divas lielvaras ir izprovocējušas karu Latvijā, un vēl tagad acīmredzot neuzskata par nepieciešamu vismaz šeit un šodien, 8. maijā, apmeklēt kritušo Latvijas karavīru kapus un paust savu līdzjūtību.

xxx

Mācītājs nosvēta divas jaunas memoriālas
plāksnes, uz kurām papildus jau esošajiem
kritušo karavīru vārdiem ir pierakstīti klāt
vēl citi. „Jūs esat krituši Dieva mīlēti", viņš
saka. Tad norādu uz kādu vecu ozolkoku, kas
arī cietis kādas kaujas laikā, un pabeidz šo
dievkalpojumu ar vārdiem: „Mūsu tauta šim
ozolam pielīdzināma: kaut vai ievainota, bet
joprojām dzīva".

xxx

Pēc dievkalpojuma mēs visi atkal satiekamies
tuvumā esošajā kādreizējā kaujas laukā. Seno
koku paēnā ieradušies cilvēki izklāj līdzi
atnestas piknika segas, ēd zirņu zupu no
plastmasas bļodiņām un sarunājas savā starpā.
Noskaņojums iŗ atraisīts. Tiek runāts par
itin visu. Vien par karu tā īsti vairs ne.

9. Maijs, 2011. gads

Mēs atrodamies pie padomju Uzvaras pieminekļa
pamatnes un skatāmies uz veselu jūru cilvēku,
kas godbijīgi liek zemē puķes un pie tam ēd
cukurvati. Un es ceru, ka, visticamāk, būdama
vienīgā klātesošā vāciete, esmu citiem neredzama.
Jo mani nekādi neatstāj sajūta, ka novēroju
tūkstošiem krievu ļoti intīma pasākuma laikā.

Turklāt diez vai Rīgā notiekošos Uzvaras dienas
svētkus varētu svinēt vēl vairāk publiski:
te nu ir pārstāvēti visi Rīgas mediji, kā
kritiski pret Krieviju noskaņotie, tā arī tai
uzticīgie. Uz milzīga ekrāna klātesošie var
skatīties tiešraidi, kas tiek translēta no
Maskavas – tur tajā pat laikā notiek militārā
parāde. Mums blakām atrodas tribīne ar nojumi,
no kuras vairāki krieviski runājošie mākslinieki
ceļ noskaņojumu kaut kādas izklaides alkstošiem

apmeklētājiem pirms tam, kad Latvijas prokrie-
viskie politiķi un dažādu apvienību pārstāvji
tiks pie mikrofona un dienas gaitā kareivīgām
balsīm klāstīs to, kāda vēsturiskā nozīme ir
padomju varas uzvarai pār nacionālsociālismu.

Kas jau pietiekami dzirdējis runas un redzējis
uztāšanās, var vienkārši izklaidēties: šeit ir
krāsaini baloni mazajiem, nozīmītes pieaugušajiem
un uzkodu kioski, kas noder visiem. Turpat
tirgotāju un informācijas stendi, kuros
piedāvā iegādāties izsolē grāmatas par padomju
varoņdarbiem, apbrīnot vecās kara šautenes, vai
arī vienkārši ziedot Sarkanās armijas kritušo
mirstīgo atlieku ekshumācijai un pārvešanai.
Tā tiek nodrošināts, ka cilvēku bari turpina
klīst turpat apkārt līdz pat vēlam vakaram.

xxx

Nebeidzama jaunu apmeklētāju pieplūduma vidū
kā muzeja eksponāti, skatītāju ieskauti, stāv
Otrā pasaules kara krievu armijas veterāni.
Viņi ir svinīgi saposušies, uzvilkuši savus
senos padomju armijas formastērpus un uz to
atlokiem sasprauduši dažādu pakāpju ordeņus.

Kāda māte norādu uz vīrieti, kura tērps rotāts
ar īpaši daudziem ordeņiem un kura acis sargā
saulesbrilles ar spoguļstikla lēcām. „Skaties,
*viņš tevis dēļ ir cīnījies Lielajā Tēvijas
karā“, viņa skaidro savai mazajai meitai.
Meitene bijīgi pamāj un bikli izstiepj veterāna
virzienā vienu sarkanu tulpi. Vecais vīrs
smaidīgi noliecas, paņem puķi rokā un ļauj
meitenei viņu viegli noskūpstīt uz vaiga.
Tiklīdz viņš atkal ir izslējies, noliek ziedu
iesānis, blakus visām pārējām, ko šodien saņēmis.
Lai varētu saņemt nākamos apsveikumus, viņa
rokām jābūt brīvām.

Joprojām cilvēki paliek stāvot, apskaujas ar
veterāniem un uzņem foto par piemiņu. Var manīt,
ka sirmie vīri no visas kņadas ap viņu personību

jūtas pārslogoti. Bet neierasti sakāpinātā
atzinība iedarbojas gluži kā balzams kareivja
dvēselei un tie ar pateicību to pieņem.

Šajā dienā veterāni gandrīz vai līdzinās
popzvaigznēm.

Maijs, 2011. gads

Spīd saule. Taču no jūras puses mums pretī
pūš skarbs vējš, kas pamudinājis makšķerētājus
dažu simtu metru attālumā esošajā piestātnē
saģērbties biezās jakās un cepurēs. Nākot
uz šejieni, mēs varējām gluži vai sajust, kā
pret mūsu mugurām atduras viņu ziņkārīgie
skatieni. Mēs krītam acīs, tā kā var iekrist
acīs tikai tas, kurš šeit neiederas. Jau no
pirmās sekundes mēs tiekam atmaskoti kā tūristi
– vēstures izzinātāji. Kā ziņkārīgi apmeklētāji,
kas kādreizējo padomju aizsardzības iekārtu
paliekas uztver kā neglītu un reizē fascinējošu
svešķermeni brīnumskaistās dabas vidū – un pie
tam nepamana, ka paši šeit vēl jo vairāk ir
kā svešķermeņi.

Būtībā mēs gandrīz nevarējām iedomāties,
ziņkārīgi rāpdamās pa sabrukušajām artilērijas
ietaisēm, ko tas nozīme, diendienā atrasties
kādreizējās kara ostas draudoši skumjā priekškara
iekšpusē. Tomēr šejienes ļaudis acīm redzami
bija tā pieraduši pie izdemolēto nocietinājumu
izskata, ka viņu attieksme pret tiem bija daudz
vienkāršāka, savā ziņā varbūt pat dabiskāka
nekā mūsējā. Tas, kurš te ar paša no nūjas un
parastas auklas uzmeistarotu makšķeri cerēja
uz kādu zivteli, jo viņam pietrūka naudas, lai
nopirktu pārtiku kādā no supermārketiem,
savā acu priekšā redzamos galīgi sadrupušos
ūdenī betona blāķus – esošās militārās un
vēsturiskās gaitas lieciniekus, pie sirds nekādi
neņēma. Toties mums abām šī vecā militārā
iekārta bezmaz vai aizrāva elpu.

Kas zin', iespējams, kaut kad tālā nākotnē
būs atkal cilvēki, kas tiešām būs pateicīgi
par to, ka šie „Kultūras pieminekļi" ir spējuši
pārdzīvot laiku. Tāpat kā šobrīd mēs esam
pateicīgi par katru, kaut vai mazāko arheo-
loģisko atradumu no Antīkās Grieķijas.

                              Aprīlis, 2012. gads

Šodien esam apmeklējuši vairākas karavīru
kapsētas. Visa Kurzeme ir pilna ar tām. Braucot
pa jebkādu ceļu, nepieciešams tikai mazliet
pacietības, un, lūk, jau atkal var saskarties
ar attiecīgo norādi. Ir kapsētas gan kritušiem
latviešu leģionāriem, gan padomju armijas
karavīriem, gan arī vācu armijas karavīriem,
taču nav nevienas kapsētas visu triju „pušu"
kritušajiem. Mēs katrā ziņā nevienai tādai
neuzduramies. Arī Miks mums nevienu nevar minēt.

Jau Vācijā mēs ar Anastasija daudz diskutējām
par to, vai vispār iespējams apvienot leģiona
un Sarkanās armijas veterānus vienā grāmatā.
Vai tas vispār būtu godīgi pret viņiem.
Anastasija ar to pirmām kārtām domāja, vai tas
attaisnotu krievu cerības. Galu galā viņi
atbrīvoja pasauli no nacionālsociālisma.
Protams, viņiem kaut kam ir jāpienākas. Taču
tādā gadījumā jāmin arī šāds arguments: vai
tas attaisnotu latviešu cerības, ja tie vienā
elpas vilcienā tiktu minēti kopā ar pēcāk
nākušajiem viņu apspiedējiem krieviem? Tas ir
vecais, nebeidzamais strīds, kas risinās starp
krieviem un latviešiem un kuru kā nastu līdz
pēdējam uz saviem pleciem nesīs veterāni.

Karosta. Mūsu vācu ceļvedī tā tiek pasniegta
kā kādreiz patstāvīga Liepājas daļa un kā
nākamā „Radošā pilsētas daļa". Taču Karosta
nekur nenāk. Karosta stāv stingri. Smagnēji
stingri.

Kad mēs soļošanas tempā lavāmies pa ielām garām
pamestiem, ar nezālēm aizaugušiem zemes gabaliem,
sagruvušām paneļu fasādēm un izdauzītām logu
rūtīm, nesatiekot pat ne vienu cilvēku, man
pēkšņi ienāk prāta draņķīgas katastrofu filmas:
ap mums izpostītā pilsēta, pāri mums pušu
plēstās debesis un mēs – vienīgie izdzīvojušie.
Absurdas, pilnīgi neiederīgas domas…

Ne tik ļoti pati vieta, bet gan nomācošais
noskaņojums, kas ap to valda, ir vainojams
pie tā, ka manī mostas šīs dīvainas asociācijas:
tā, it kā šeit cik vien iespējams nelabvēlīgā
brīdi būtu apstājies laiks – proti, tieši starp
sabrukumu un jaunu sākumu – it kā šejienes
iedzīvotāji kopš tā brīža būtu iesprūduši kādā
laika cilpā.

XXX

Mēs kājām izejam cauri kādai pamestai karavīru
apmetnei: sagruvušu, necilu paneļu sakopojums,
kuram pie tam trūkst durvis un logi. Sākotnēji
baltās fasādes ir nodzeltējušas un noķēpātas ar
grafiti. Vaļējās ieejas atkritumu pilnas. Kad
mēs piesardzīgi vienai no tām tuvojamies, mums
sejā iesitas urīna un žurku ekskrementu smaka.

Divi mazi krievu puikas nāk mums pretī. Pēkšņi
viens no viņiem kliedz „Ej, pizda!" un pie tam
skatās mūsu virzienā. Abi smejas līdz nemaņai.
Turpat netālu, sānus no ceļa kāda jauniešu grupa
mēģina aizdedzināt koka celmu. Un tikai dažu metru
attālumā uz soliņa sēž kāds vīrietis, no pudeles
malko dzērienu un par tovisu neliekas ne zinis.

Agrāk, vēl 20. gadsimta pašā sākumā, Karosta
droši vien izskatījās ļoti lepni: tāda pēc
Krievijas cara Aleksandra Trešā pavēles dibināta
militāra pilsētiņa ar kara ostu, augstu dzīves
standartu un tam laikam atbilstošo
infrastruktūru, kur parastajām civila ļaudīm
ieeja bija liegta. Šodien Svēta Nikolaja Jūras
katedrāles apzeltītie kupoli ir vienīgais, kam
joprojām piemīt spožums:Karosta sen ir pārvēr-
tusies par spoku pilsētu. Kopš Latvija atguva
neatkarību un ap 20 000 padomju karavīru atstā-
ja valsti, tukšas stāv apmēram trešdaļa veco
māju un paneļu būdiņu. Un kādreiz
priviliģēto padomju armijnieku „mantinie-
ki" vispār nezina, ko ar to visu iesākt.

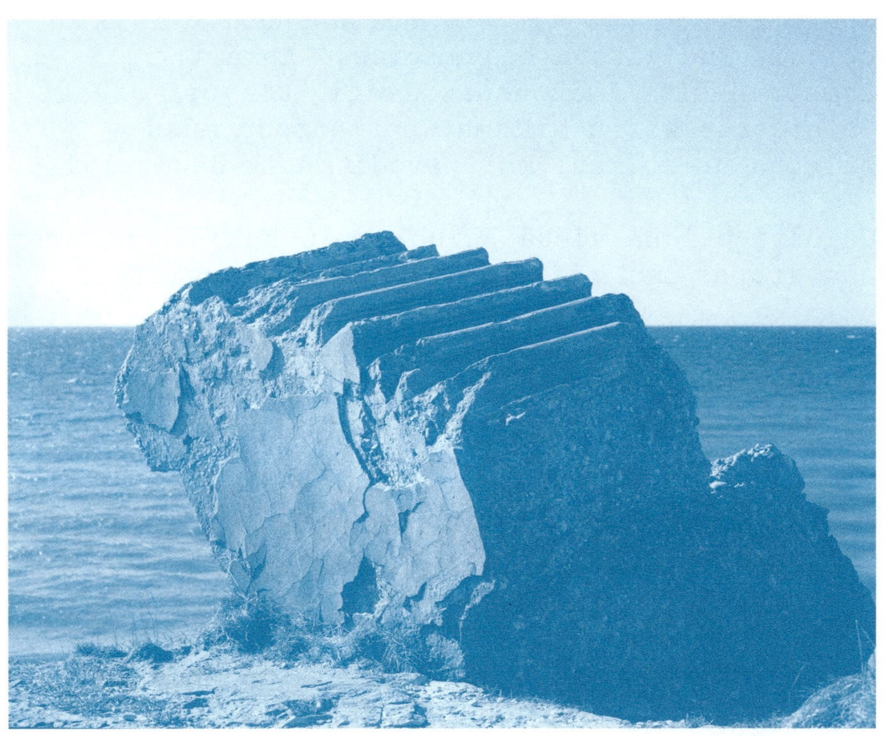

Esmu Latvijā. Eju pa Jūrmalas centrālo – Jomas ielu un nogriežos uz Turaidas ielas. Manā priekšā nepazīstamas mājas, kafejnīcas, veikali, bet tālāk – jūra.

Man šķiet, ka redzu šo pilsētu pirmo reizi, es skatos apkārt ar nepazīstamā vietā nonākuša ceļinieka ziņkārību. Tomēr drīz jau jūras gaiss, priežu smarža un jūrmalas kāpas atgriež mani atpakaļ bērnībā. Atmiņā nāk laimīgās un bezrūpīgās vasaras brīvdienas, kuras šeit pavadīju kopā ar vecākiem un draugiem.

Te nu ir tā viesnīca, kurā mēs apmetāmies – man nākas to atpazīt. Es redzu padomju laika celtni, kas gatava nojaukšanai. Apkārtne izmainījušies līdz nepazīšanai, kļuvusi sveša. Es atceros katru sīkumu, pat atrodu mūsu balkonu un soliņu, kur pavadīts tik daudz laika.

Gaidītā prieka vietā jūtu kamolu kaklā. Un tomēr tās drupas mani pievelk. Es sāku fotografēt.

Pēc kāda laika pamanu, ka Annabela un Miks mani jau sen kā gaida. Viņi nepacietīgi miņājas viesnīcas pagalmā, viņi grib uz jūru: „Ejam taču, Anastasija! Te ir arī interesantākas vietas!".

Turpinu domāt par mūsu grāmatu: vai iespējams savienot to, kas nepakļaujas saskaitīšanas nosacījumiem, neiekļaujas nekādās formulās?

Mēģinu mierināt sevi ar domu, ka beigu galā mana un Annabelas dzīves arī ir cieši saistītas ar citu cilvēku likteņiem un valstu vēsturi.

Anastasija Horošilova

Šis privātais muzejs ar eksponātiem no Otrā
pasaules kara atrodas nekurieņes vidū, tieši
pie bieziem mežiem noaugušās Krievijas robežas.
Attiecīgi apmeklētāju daudzums, kas šo vietu
ik gadu apmeklē, ir labi pārskatāms: Agris,
īpašnieka Imanta dēls, saka, ka to starpā ir
bijušas divas vai trīs vietējās skolēnu klases
un kāda saujiņa tūristu. Lielākoties tie ir
krievi un latvieši. Viņš var atminēties tikai
vienu gadījumu, kad šeit ir bijuši vācieši.

Es nojaušu, par kādiem vāciešiem viņš runā:
pirms aptuveni diviem gadiem mani radinieki
bija uzgājuši šo vietu. Nejauši gan, jo īstenībā
viņi gribēju tikai apskatīt apkārtni, kur pēc
nostāstiem 1941. gadā esot gājis bojā mans
vectēvs. Viņš un daudzi citi: uz ne īpaši lielā
kara muzeja galdiem un plauktiem guļ kaudzēm
zaldātu un virsnieki zīmes, norūsējušas ķiveres,
uzpleči un šineļu krāgas. Par tiem, kas to visu
valkāja, līdz šodienai nav skaidrības. Bez tā
visa muzejā ir sakrāts pamatīgs daudzums frontē
lietotu ieroču vienību. Vairākas ir pa gabalam,
ar defektiem. rūsas izēstas. Pārsvarā īstas
grabažas. Toties neviens izstādes eksponāts nav
miskastē metams. Imants nemērī šo priekšmetu
vērtību naudā. Tā ir tīra kolekcionāra kaisle,
kas viņu mudina. Viņu un Agri.

Mežs, pļavas, purvs un atkal mežs — tā varētu
aprakstīt Latvijas dabu netālu no Krievijas
robežas. Viens vienīgs nepārskatāms apvidus,
kurā viss šķietami plūstoši pāriet cits citā.
Ir grūti stādīties priekšā to, ka šeit tikai
pirms 68 gadiem risinājās smagas cīņas.
Vēl grūtāk — to, ka kaut kur šeit karā esot
kritis mans vectēvs. Vai iespējams noticēt,

ka šī dubļainā pļava tur lejā kādreiz ir bijusi
kaujas lauks? Vai var noticēt, ka šeit vispār
kaut kas ir bijis? Jo vairāk es saspringstu,
jo mazāk jēgas varu saskatīt. Tā vien šķiet,
ka daba visu, kas bijis, ir norijusi un ka tai
tas joprojām ir jāsagremo.

– 166 –

Maijs, 2012. gads

Rumbulas mežs

Nikolajs,
Dzimis 1924. gada
10. decembrī netālu
no Kijevas

XXX

„Otrais pasaules karš bija gana nelāgs, bet bezmaz
vai mokošāka ir cīņa, kas man jāizcīna tagad:
jau vairāk kā 20 gadus es strīdos ar oficiālajām
iestādēm par to, lai krievu armijas veterāniem
beidzot tiktu tā atzīšanā, ko tie jau sen pelnī-
juši. Bet, ņemot vērā Sarkanās armijas karavīru
nodrošinājumu, joprojām pastāv divas sabiedrībā
atšķirīgas klases: kādreizējais kara virsnieks
no Krievijas valsts saņem dāsnu veterāna pabalstu,
bet parastais zaldāts nesaņem neko.[1] Mēs esam
pārāk veci, lai iesaistītos cīņā ar visu pārē-
jo pasauli par savu taisnību. Ikviens to zina.“

XXX

„Es pieņēmu Krievijas pilsonību tikai tāpēc, ka
tādā gadījumā papildu manai parastajai Latvijas
pensijai varu klāt pieskaitīt vēl Krievijas
invaliditātes pabalstu. Oficiāli es tātad esmu
it kā Krievijai piederīgs, taču Latvija ir un
paliks mana Dzimtene.“

XXX

„Lielā Tēvijas kara 60. gadadienā kāda jauniešu
organizācija man atnesa kārbu ar šokolādes
konfektēm, kas bija kādus 20 latus vērtas. Mana
sieva, kādreizējā krievu partizānu cīnītāja,
palika tukšām rokām. Es tad pazvanīju šai orga-
nizācijai un izteicu savus iebildumus: „Vai
nu Jūs dāvināt šokolādes konfektes visiem
veterāniem, vai arī nedāvināt nevienam!“ Viņi
gan vispār nesaprata, kas tā man tāda par
problēmu.“

xxx

„Es esmu saglabājis par mums, veterāniem,
katru avīzes rakstu, kas vien parādījies
periodā kopš neatkarības atgūšanas. Pa šo
laiku man ar tiem jau ir divi pilni koferi.
Un ko mums līdz šim ir devuši šie raksti?
Pilnīgi neko taču! Tas dzen izmisumā: fašis-
tus mēs pieveicām vien četru gadu laikā,
bet birokrātiju vēl līdz šim brīdim ne!“

xxx

„Latviešu leģionā daudzi karavīri bija tikai
17 vai 18 gadus veci. Kā, lūdzu, tāds cilvēciņš
var būt fašists? Karā tev taču nav nekādas
izvēles: katrs bija tajā ierauts tieši no tās
vietas, kurā bija nejauši atradies. Pašreizējā
situācija starp latviešiem un krieviem politiski
taču tiek apzināti vēl vairāk uzkurināta!
Viņiem mēs, veterāni, esam vajadzīgi vien kā
aizbildinājums, lai darboties savu interešu labā.“

---

[1] 2011. gada stāvoklis

Krišjānis,

Dzimis 1925. gada
27. maijā Saulkrastos

xxx

„Mani vecāki bija ļoti nelaimīgi, kad es
devos karā. Māte mani pavadīja līdz vārtiem,
pārkrustīja un iedeva līdzi kādu vēstuli.
Viņa teica, ka vēstule satur vārdus no Bībeles
un ka man tā vienmēr būtu jānēsā sev līdzi,
taču to nekad nevajadzētu atvērt, jo citādi
tas nesīs nelaimi. Kad es vēlāk tiku saņemts
krievu gūstā, man vēstule tika atņemtu un manu
acu priekšā saplēsta. Es tā arī nekad neuz-
zināju, kas patiesībā tajā bija rakstīts.“

xxx

„Mans tēvs savukārt atteicās man teikt atvadas
un palika mājās. Viņš bija saniknots par to, ka
viņam nu var nākties karā zaudēt ne tikai abus
manus vecākos brāļus, bet, iespējams, arī mani.
Tajā dienā viņš nolēma, ka atkal skūsies tikai
tad, kad visi trīs viņa dēli atgriezīsies mājās
no frontes sveiki un veseli. Viņš tā arī nomira –
bārdains.“

xxx

„Es biju to starpā, kas paši brīvprātīgi
pieteicās. Es īsti nezinu, vai tobrīd nopietni
ticēju tam, ka vāciešiem bija godprātīgi nodomi
un tie patiesi vēlējās nosargāt Latvijas neatkarību. Taisnību sakot, man bija vienalga.
Es vienkārši uztvēru kā savu pienākumu manu
tēvu zemi aizsargāt no iebrukušās Padomju
Savienības. Tikai tādēļ es devos toreiz uz
latviešu leģionu: jo es biju patriots. Un vēl
šobaltdien esmu.“

                                xxx

„Padomju okupācijas laikā latviešu valoda
pēkšņi tika pielīdzināta suņu valodai. Tikmēr
mēs gan drīkstējām turpināt runāt latviski,
taču padomju vara parūpējās par to, lai šobrīd
pusei Latvijas iedzīvotāju būtu nelatviska
izcelsme.“

                                xxx

„Skumjas, ko karš ir mums, latviešiem, atnesis,
nevar tā vienkārši izsvītrot no apziņas. Tās
paliek vienmēr klātesošas.“

                                xxx

„Problēma ir tāda, ka daudzi cilvēku jauc savā
starpā jēdzienus „nacionāls“ un „nacistisks“.
Nacionālists ir lepns par savu tautu un savu
tautību. Nacionālsociālisti nepatiesi izmanto
šo lepnumu savai galēji labējā novirziena ideo-
loģijai. Es sevi uzskatu par nacionālistu. Kas
tur ir tik nepareizs – mīlēt savu dzimteni?
Kurš šodien apgalvo, ka mēs, latviešu veterāni,
esam nelabojami nacisti, tas tikai vēlas
uzkurināt naidu starp Latvijas krievu tautības
un latviešu tautības iedzīvotājiem.

Mihaels,
Dzimis 1925. gada
10. decembrī
Poltavā (Ukrainā)

xxx

„Mans tēvs bija partijas biedrs un lepns
patriots. Es tagad varētu pateikt, ka vēlējos
viņam ar to izpatikt. Ar to, ka es gluži
tāpat kā viņš biju dedzīgs patriots. Bet
patiesība ir tāda, ka es labprātīgi pieteicos,
jo biju jauns un stulbs. Un tāpēc, ka citi
mana vecuma jaunieši arī darīja tāpat.“

xxx

„Vai es daudz prātoju par to, ko tur darīju?
Ka es nogalināju cilvēkus? Jums jāzina:
par ko tādu karā domāt būtu liela greznība.
Cilvēki bija krietni vien vairāk aizņemti,
cenšoties paši izdzīvot. Saprotams, esot
kareivim frontē, nevar nejust briesmīgo
spiedienu. Neviens jau nav vienaldzīgs.Pēc
pāris nedēļām es pat varēju teikt: dažu
dienu laikā karš pārstāja likties tik ļoti
šaušalīgs. Tas gan ir biedējoši, cik ātri
cilvēks noteiktos apstākļos var notrulināties.“

xxx

„1945. gada 9. maijā es kā ārprātīgais izskrēju
lauka vidū, no prieka palēcos un kliedzu „Urrā!“.
Tikai tad, kad sadzirdēju kaut ko mīksti
noklikšķinām, pamanīju mīnu garajā zālē. Slimnīcā
viņi bija noņēmuši man manu labo kāju.“

xxx

„Es atceros, ka pavisam netālu no manas
tantes dzīvokļa atradās patversme Otrā pasaules
kara invalīdiem. Oficiāli to, protams, tā
nesauca, mēs bijām pārradušiem mājās no kara
kā uzvarētāji, tādējādi smagi ievainotie mūsu
ierindās sabojātu kopīgo ainu.“

xxx

„Pirms gada es nokritu zemē, mājās mēģinot
viens pats aiziet līdz tualetei. Es gulēju uz
grīdas kā tāds miltu maiss un mana sieva nekādi
nespēja mani piecelt. Beidzot viņa izskrēja
ārā uz ielas un lūdza garāmgājējiem pēc
palīdzības. Viņa lūdzās un lūdzās. Bet tikai
tad, kad viņa piedāvāja samaksāt par to, lai
kāds palīdz vecam vīram atkal piecelties, atradās
divi vīrieši, kas bija ar mieru.“

xxx

„Man ir latviešu un krievu radinieki. Tāpēc
es sevi neizjūtu ne kā ukraini, ne arī kā krievu
vai latvieti, bet pirmajām kārtām gan kā
cilvēcisku būtni. Un es vēlētos, lai tieši tā
pret mani arī izturas. Turpretim vietējām
amatpersonām es esmu vienkārši bezpavalstnieks,
tā tie ir atzīmējuši manā pasē. Un tas tāpēc
vien, ka es nemāku pietiekami labi runāt latviski.
Līdz 1991. gadam krievu valoda bija valsts
oficiālā valoda. Es domāju, ka no veca cilvēka
nevajadzētu pieprasīt, lai tas savās vecum-
dienās vēl perfekti iemācās kādu svešvalodu.“

Valdis,
Dzimis 1923. gada
2. februārī Rūņi, Latvijā

xxx

„Pats skaistākais laiks manā dzīvē noteikti
bija mana bērnība. Pēc tam vairs nekas tāds
nebija. Pirmoreiz pēc atbrīvošanās no gūsta
Krievijā mana dzīve mazpamazām atkal kļuva
labāka.“

xxx

„20 gadu vecumā es pieteicos Reiha darba
dienestam. Tas tika uzskatīts par priekšnosacī-
jumu uzņemšanai mācībām augstskolā. Bet
jau tobrīd bija skaidrs, ka man kara dienesta
neizbēgt. Uz militāro apmācību Flensburgā
bija ieradušies puse latvieši un otra puse –
vācieši. Attiecības starp vieniem un otriem
es aprakstītu kā pieklājīgi atturīgas. Katra
grupa labprātāk turējās pati par sevi.
„Celties! Gulties! Uzbrukumā! Atkāpties!“ Šo
vācu vārdu nozīmi mēs ātri vien iegaumējām.“

xxx

Kas cits mums bija atlicis, ja ne iet
cīnīties tās puses labā, kura līdz šodienai
ir atnesusi mums mazāku ļaunumu? Vēl pirms
Padomju Savienības karaspēks iemaršēja mūsu
zemē, mēs uzturējām ar šeit dzīvojošiem
krieviem ļoti labas attiecības, pat labākas
kā ar vāciešiem. Toties līdzko padomju krievi
1940. gadā bija sākuši tieši ar to, ka
deportēja uz Sibīriju mūsu gudrākās galvas,
tās attiecības nu bija pagalam. Kopš šī brīža
runa varēja būt tikai par to, kā atturēt
Sarkano Armiju no mūsu valsts ieņemšanas.

----

xxx

„Acīmredzot dzelzceļa sliedes uz Sibīriju bija
tik ļoti pārslogotas ar gūstekņu ešoloniem, ka
mūsu likteņusi nācās pārplānot. Laikam tieši
tādēļ es attapos kara gūstekņu nometnē tikai
40 kilometrus uz dienvidiem no Maskavas.“

xxx

„Nav nekā skaistāka dzīvē, kā vērot jūru.
Vai Jūs zināt kāpēc? Jo tā atkarībā no saules
gaismas un diennakts laika var izskatīties
pavisam dažādi. Nekas nepaliek tāds pats, viss
mainās. Un, ja pietiekami bieži un ilgi
ko novēro, mainās arī cilvēka paša skatījums
uz pasaules lietām.“